VENUS
dans le
CLOITRE ou la RELIGIEUSE
en CHEMISE.

VENUS

DANS LE CLOÎTRE

OU LA

RELIGIEUSE

EN CHEMISE

NOUVELLE EDITION,

Enrichie de Figures gravées en Taille Douce.

A DUSSELDORP,

Chez H. V. ROOSEN,

Commis des Postes.

MDCCXLVI.

A MADAME

D. L. R.

TRÈS-DIGNE ABBESSE

DE BEAU-LIEU.

Madame,

Comme il me seroit difficile de
ne pas executer ce que vous me
témoignez desirer, je n'ai aucunement deliberé sur la priere que

vous

EPITRE.

vous m'avez faite, de reduire au plûtôt par écrit, les doux entretiens ou vôtre Communauté a eu si bonne part. Je m'engageai trop solemnellement à cette galante entreprise, pour vouloir m'en défendre à present, & pour m'excuser de ce travail, sur la difficulté qu'il ya, de rendre a la voix & aux actions, le beau feu dont elles ont été animées. Ie ne sai si j'aurai bien rempli mes devoirs & vos esperances ; l'exercice de deux ou trois matinées vous en découvrira la verité ; & vous fera connoître

que

EPITRE.

que si je n'ai pas beaucoup d'elo-
quence, j'ai pour le moins assez de
memoire, pour rapporter avec fide-
lité la plus grande partie des choses passées. Je me suis tellement
proposé vôtre satisfaction dans cet
Ouvrage, que j'ai passé indifferemment sur toutes les raisons qui
sembloient devoir m'en eloigner; la
crainte seule qu'il ne tombât en
d'autres mains que les vôtres, m'a
fait un peu differer à vous l'envoyer, & j'en serois moi-même le
porteur, si mes affaires presentes
me le permettoient, plûtôt que de

 tou-

confier au hazard de la Poste, ou d'un Messager un paquet de cette consequence. Car de bonne foi, quelle confusion pour vous & pour moi, si des conferences si secrettes alloient devenir publiques ? & si des actions qui ne sont point blâmées, que parce qu'elles ne sont pas connuës, alloient faire un nouveau sujet de Critique, & fournir des armes à tous ceux qui voudroient nous attaquer ? Quelle posture & quelle contenance pourroit tenir nôtre belle Religieuse,

si

EPITRE.

ſi le malheur l'expoſoit en chemiſe à la veuë de tous les curieux ? que d'opprobre ! que de
honte ! que d'embarras ! Toutes ces conſiderations ſont fortes, mais vous avez voulu ê-
tre obeïe, & vous avez traité de reflexions legeres & timi-
des, des raiſons ſolides & aſſu-
rées.

Quoi qu'il arrive, je m'en
lave les mains, & pour quitter
un peu le ſerieux, je vous dirai qu'il n'y a rien à apprehender pour Sœur Agnés, quand
mê-

même le mauvais deſtin ſe mê-
leroit de la conduite de tout ceci , puiſque la peinture que j'en
fais dans mes Ecrits , ne la re-
preſente que dans une très-exacte
obſervance de tous ces vœux. Car
en effet pour commencer par la Pau-
vreté ; peut-on être dans un plus
grand détachement des biens de ce
monde, que de s'en dépoüiller vo-
lontairement juſques à la Chemiſe ? peut-on dans ſes paroles & dans ſes actions faire paroître la beauté de la Chaſteté avec
plus d'éclat , qu'en ſe propoſant
pour

E P I T R E.

pour regle la Nature toute pure ?
Enfin si l'on veut faire preuve de
son obeïssance sans exception, l'on
connoîtra qu'elle aura autant de
docilité, que pas une de vos Novices.

Voilà, MADAME, une lon-
gue lettre pour un petit Ouvrage,
& une grande Porte pour une pauvre Maison, il n'importe, j'ai
mieux aimé pecher contre quelques
regles, que de me gêner en vous
écrivant. Faites part à vos plus
intimes & aux miennes, de ce
que vous jugerez à propos qu'elles

les sachent, & croyez que je suis
sans reserve,

MADAME,

Vôtre très-obeïssant & très-
affectionné Serviteur,

l'Abbé DU PRAT.

VE-

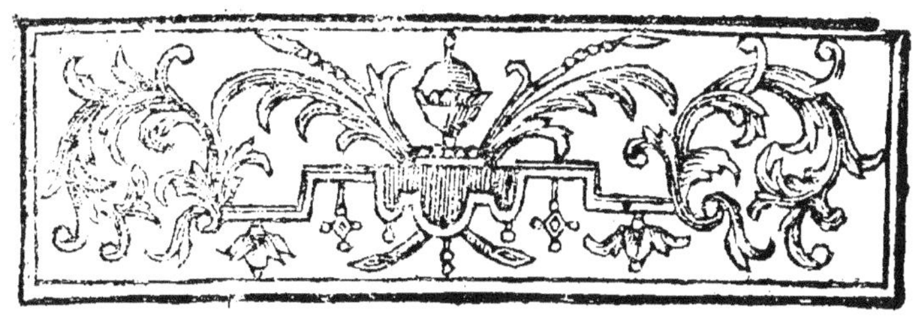

VENUS
DANS LE CLOITRE,
OU LA
RELIGIEUSE
EN CHEMISE.

PREMIER ENTRETIEN.

Sœur *Agnés.* Sœur *Angelique.*

Agnés. H Dieu! Sœur Angelique n'entrez pas dans
ma Chambre, je ne
suis pas visible à pré-
sent; faut-il ainsi surprendre les personnes dans l'état ou je suis? Je croyoi
avoir bien fermé la porte.

A   *Ange.*

Angelique. Eh bien , tout doucement, qu'as-tu à t'allarmer ? le grand
mal de t'avoir trouvée en changeant de
chemife , ou faifant autre chofe de
mieux ; les bonnes amies ne fe doivent
aucunement cacher les unes aux autres.
Affis-toi fur ta couche comme tu êtois,
je vais fermer la porte fur nous.

Agnés. Je vous affure , ma Sœur,
que je mourois de confufion fi une autre
que vous m'avoit ainfi furprife ; mais
je fuis certaine que vous avez beaucoup
d'affection pour moi , c'eft pourquoi
je n'ai pas fujet de rien craindre de
vous, quelque chofe que vous euffiez
pû voir.

Angelique. Tu as raifon mon enfant
de parler de la forte , & quand je n'aurois pas pour toi , toute la tendreffe
qu'un cœur peut reffentir, tu devrois
toûjours avoir l'efprit en repos de ce
côté-là. Il y a fept ans que je fuis Religieufe , & je fuis entrée dans le Cloître
à treize, & je puis dire, que je ne me
fuis point encore faite d'ennemie par
ma mauvaife conduite ; ayant toûjours
eu la médifance en horreur, & ne faifant rien plus augrè de mon cœur, que
lorf-

lorſque je rens ſervice à quelques-unes de la Communauté. C'eſt cette manie-re d'agir qui m'a procuré l'affection de la plûpart, & qui m'a ſurtout aſſuré celle de nôtre Superieure, qui ne m'eſt pas d'un petit uſage dans l'occaſion.

Agnès. Je le ſai, & je me ſuis ſou-vent étonnée comment vous aviez pû faire pour vous ménager celles mêmes qui ſont d'un parti different : il faut ſans doute avoir autant d'adreſſe & d'eſprit que vous, pour engager de telles per-ſonnes. Pour moi je n'ai jamais pû me gêner dans mes affections, ni tra-vailler à avoir pour amies celles qui na-turellement m'étoient indifferentes; c'eſt là le foible de mon genie, qui eſt en-nemie de la contrainte, & qui veut en tout agir librement.

Angelique. Il eſt vrai qu'il eſt bien doux de ſe laiſſer conduire à cette na-ture pure & innocente, en ſuivant uni-quement les inclinations qu'elle nous donne; mais l'honneur, & l'ambition qui ſont venus troubler le repos des Cloîtres, obligent celles qui y ſont en-trées à ſe partager, & à faire ſouvent

par

par prudence ce qu' elles ne peuvent faire par inclination.

Agn s. C'eſt à dire qu' une infinité qui croyent être Maîtreſſes de vôtre cœur, n'en poſſedent ſeulement que la peinture, & que toutes vos proteſtations les aſ-ſurent ſouvent d'un bien dont elles ne jouïſſent pas en effet. Je craindrois fort, je vous l'avouë, d'être de ce nombre, & d'être une victime de vôtre politique.

Angelique. Ah, ma chere, tu me fais une injure, la diſſimulation n'a point de part à des amitiés auſſi fortes que la nôtre; Je ſuis toute à toi, & quand la nature m'auroit fait naître d'un même ſang, elle ne m'auroit pû donner des ſentimens plus tendres que ceux que je reſſens. Permets que je t'embraſſe afin que nos cœurs ſe parlent l'un à l'autre, au milieu de nos baiſers.

Agnés. Ah Dieu, comme tu me ſer-res entre tes bras! Songez-tu que je ſuis nuë en chemiſe? Ah tu me met toute en feu.

Angelique. Ah que ce vermeil dont tu és à preſent animée, augmente l'é-clat de ta beauté! Ah que ce feu qui brille maintenant dans tes yeux te rend

aima-

aimable! faut-il qu'une fille auffi accomplie que toi foit fi retirée comme tu és!
Non, non, mon enfant, je te veux
faire part de mes plus fecretes habitudes, & te donner une idée parfaite de
la conduite d'une fage Religieufe. Je ne
parle pas de cette fageffe auftère & fcrupuleufe, qui ne fe nourit que de jeûnes, & ne fe couvre que de Haires &
de Cilices ; il en eft une autre moins
farouche, que toutes les perfonnes é-
clairées font profeffion de fuivre , &
qui n'a pas peu de rapport avec ton naturel amoureux.

Agnés. Moi d'un naturel amoureux !
il faut certes que ma phifionomie foit
bien trompeufe, ou que vous n'en fa-
chiez pas parfaitement les règles. Il
n'y a rien qui me touche moins que cette paffion, & depuis trois ans que je
fuis en Religion, elle ne m'a pas donné la moindre inquietude.

Angelique J'en doute fort, & je croi
que fi tu voulois en parler avec plus
de fincerité, tu m'avoüerois que je n'ai
rien dit que de veritable. Quoi une
fille de feize ans d'un efprit auffi vif &
d'un corps auffi bien formé que le tien,

feroit froide & infenfible ? Non je ne puis me le perfuader, toutes tes démarches les plus negligées m'ont affuré du contraire , & ce *je ne fai quoi* que j'ai apperçû au travers de la ferrure de ta porte, avant que d'entrer, me fait connoître que tu és une diffimulèe.

Agnés. Ah Dieu je fuis perduë !

Angelique. Certes tu n'és pas raifonnable, dis-moi un peu ce que tu peus apprehender de moi, & fi tu as fujet de craindre une amie. Je ne t'ai dit cela que dans le deffein de te faire bien d'autres confidences de mon côté : vraiment ce font-là de belles bagatelles, les plus fcrupuleufes les mettent en ufage,& cela s'appelle en termes clauftraux *l'Amufement des jeunes*, *& le paffe-temps des vieilles*.

Agnés. Mais encore qu'avez-vous donc apperçû ?

Angelique. Tu me fatigues par tes manieres, fais-tu bien que l'amour bannit toute crainte, & que fi nous voulons vvre toutes deux , dans une intelligence auffi parfaite que je le defire, tu ne me dois rien celer, & je ne

dois

dois rien avoir de caché pour toi, baife moi mon cœur ? dans l'état ou tu és
une difcipline feroit de bon ufage pour
te châtier du peu de retour que tu as
pour l'amitié qu'on te marque. Ah
Dieu que tu as d'embonpoint ; & que
tu és d'une taille bien proportionnée !
Souffre que....

Agnès. Ah de grace laiffez-moi en
repos, je ne puis revenir de ma furprife, car debonne foi qu'avezvous vû ?

Angelique. Ne le fais-tu pas bien forte, ce que je puis avoir vû ? Je t'ai vûë
dans une action ou je te fervirai moi-
même fi tu veux, ou ma main te fera
àprefent l'office que la tienne rendoit
tantôt charitablement à une autre partie
de ton corps ? Voila le grand crime
que j'ai découvert, que Madame l'Abbeffe D. L. R pratique comme elle dit,
dans ces divertiffemens les plus innocens, que la Prieure ne rejette point,
& que la Maîtreffe des Novices appelle
l'Intermiffion extatique? Tu n'aurois pas
crû que de fi faintes Ames euffent été
capables de s'occuper à des exercices fi
profanes ? Leur mine & leurs dehors
t'ont deçûë, & cet exterieur de fainteté

                    dont

dont elles favent fi bien fe parer dans
l'occafion, t'a fait penfer qu'elles vivoient dans leur corps comme fi elles n'é-
toient compofées que du feul efprit.
Ah, mon enfant, que je t'inftruirai de
quantité de chofes que tu ignore ; fi tu
veux avoir un peu de confiance en moi,
& fi tu me fais connoître la difpofition
d'efprit & de confcience où tu és à prefent : après quoi je veux que tu fois mon
Confeffeur, je ferai ta penitente, &
je te protefte que tu verras mon cœur
auffi à découvert, que fi tu en reffen-
tois toi-même les plus purs mouvemens.

Agnés. Après tant de paroles je ne
croi pas devoir douter de vôtre fincerité, c'eft pourquoi non feulement je vous
appendrai ce que vous fouhaitez favoir
de moi, mais même je veux me faire un
fenfible plaifir de vous communiquer
jufques à mes plus fecretes penfées &
actions. Ce fera une confeffion generale dont je fai que vous n'avez pas deffein de vous prévaloir, mais dont la
confidence que je vous en ferai ne fer-
vira qu'à nous unir l'une & l'autre d'un
lien plus étroit & indiffoluble.

Angelique. C'eft fans doute ma plus
chere,

chere, & tu remarqueras dans la fuite
qu'il n'y a rien de plus doux dans ce monde que d'avoir une veritable amie, qui
puiffe être la dépofitaire de nos fecrets,
de nos penfées, & de nos afflictions mêmes. Ah que des ouvertures de cœur
font foulageantes dans de femblables oc-
cafions! parle donc, ma mignonne, je
vais m'affoir fur ta couche prés de toi,
il n'eft pas neceffaire que tu t'habilles,
la faifon te permet de refter comme tu
és, il me femble que tu en és plus aimable, & que plus tu approches de l'état
ou la nature t'a fait naître, tu en as plus
de charmes & de beauté. Embraffe-
moi, ma chere *Agnés*, devant que de
commencer, & confirme, par tes baifers les proteftations mutuelles que nous
nous fommes données de nous aimer
éternellement. Ah que ces baifers font
purs & innocens! Ah qu'ils font remplis de tendreffe & de douceur! Ah
qu'ils me comblent de plaifirs! un peu
de tréve mon petit cœur, je fuis toute
en feu, tu me mets aux abois par tes
carreffes; ah Dieu que l'amour eft puif-
fant! & que deviendrai je, fi de fim-
A 5 ples

ples baisers me transportent & m'animent si vivement ?

Agnés. Ah qu'il est difficile de se contenir dans les bornes de son devoir, lorsque nous lâchons tant soit peu la bride à cette passion ! le croiriez-vous, *Angelique*, ces badineries qui dans le fonds ne font rien, ont agi merveilleusement sur moi ? Ah, ah, ah, laissez-moi un peu respirer, il semble que mon cœur est trop resserré àpresent ! Ah que ces soûpirs me soulagent ! Je commence à ressentir pour vous une affection nouvelle, & plus tendre & plus forte qu'auparavant ! je ne sai d'où cela provient, car de simples baisers peuvent-ils causer tant de desordre dans une ame ? il est vrai que vous êtes bien artificieuse dans vos caresses, & que toutes vos manieres sont extraordinairement engageantes ; car vous m'avez tellement gagnée, que je suis maintenant plus à vous qu'à moi même ; Je crains même que dans l'excés de la satisfaction que j'ai goûtée, il ne se soit mêlé quelque chose, qui me donnât sujet de refléchir sur ma conscience, cela me fâcheroit bien ; car quand il faut que je parle à mon Confesfeſſeur de ces ſortes de matieres je meurs de honte, & je ne ſai par ou m'y pren- dre. Ah Dieu, que nous ſommes foi- bles, que nos efforts ſont vains pour ſurmonter les moindres faillies & les plus legères attaques d'une nature cor- rompuë!

Angelique. Voici l'endroit où je t'at- tendois, je ſai que tu as toûjours êté un peu ſcrupuleuſe ſur beaucoup de ſujets, & qu'une certaine tendreſſe de conſcience, ne t'a pas donné peu de peine. Voilà ce que c'eſt que de tom- ber entre les mains d'un Directeur mal appris & ignorant: pour moi, je te dirai que j'ai êté inſtruite d'un ſavant hom- me, de quel air je devois me compor- ter pour vivre heureuſe toute ma vie ſans rien faire neanmoins qui pût cho- quer la veuë d'une Communauté re- guliere ou qui fut directement oppoſê aux Commandemens de Dieu.

Agnés. Obligez-moi Sœur *Angelique,* de me donner une idée parfaite de cette belle conduite; croyez que je ſuis entie- rement diſpoſée à vous entendre, & à me laiſſer perſuader par vos raiſonnemens, lors que je ne pourai les détruire par de

A 6

plus

plus forts. La promesse que je vous
avois faite de me découvrir toute à vous,
n'en sera que mieux observée, parce
qu'insensiblement dans mes réponses
qui partageront nôtre entretien, vous
remarquerez sur quel pied l'on m'a éta-
blie, & vous jugerez par l'aveu sincere
que je vous ferai de toute chose, du bon
ou du mavais chemin que je suivrai.

Angelique. Mon enfant, tu vas peut-
être être surprise des leçons que je te
vais donner, & tu seras étonnée d'entendre une fille de dix neuf à vingt ans
faire la savante, & de la voir penêtrer
dans les plus cachez secrets de la politique religieuse. Ne croi pas, ma chere,
qu'un esprit de vaine gloire anime mes
paroles, non, je sai que j'étois encore
moins éclairèe que toi à ton âge, &
que tout ce que j'ai appris à succedé à
une ignorance extrême ; mais il faut que
je t'avouë aussi qu'il faudroit m'accuser
de stupidité, si les soins que plusieurs
grands hommes ont pris à me former,
n'avoient été suivis d'aucun fruit ; & si
l'intelligence qu'ils m'ont donnée de plusieurs langues , ne m'evoit fait faire
quel-

quelque progrés par la lecture de bons
livres.

Agnés. Ma chere *Angelique* commen-
cé je vous prie vos inftructions, je lan-
guis dans l'impatience ou je fuis de vous
entendre, vous n'avez jamais eu d'éco-
liere plus attentive que je le ferai à tous
vos difcours.

Angelique. Comme nous ne fommes
pas nées d'un fexe à faire des loix,
nous devons obeïr à celles que nous
avons trouvées, & fuivre comme des
veritez connuës, beaucoup de chofes
qui d'elles-mêmes ne paffent chez plufieurs que pour opinions. Je prétens,
mon enfant, te confirmer par là, dans
les fentimens où tu és, qu'il y a un Dieu
jufte & mifericordieux, qui demande
nos hommages, & qui de la même bouche qu'il nous defend le mal, nous commande la pratique du bien : Mais comme tous ne conviennent pas de ce qui
fe doit appeller bien ou mal ; & qu'une
infinité d'actions pour lefquelles on nous
donne de l'horreur, font reçuës & ap-
prouvées chez nos voifins : Je t'apprendrai en peu de paroles, ce qu'un Reve-
verend Pere Jéfuite qui a une affection

                  parti-

particuliere pour moi, me difoit dans
le tems qu'il tàchoit à m'ouvrir l'efprit,
& à le rendre capable des fpeculations
prefentes.

Comme tout vôtre bonheur, ma che-
re *Angelique* (c'eft ainfi qu'il me parloit)
dépend d'une parfaite connoiffance de
l'état religieux que vous avez embraffé,
je veux vous en faire une naïve peinture, & vous donner les moyens de vivre
dans vôtre folitude, fans aucune inquietude ou chagrin, qui proviennent de
vôtre engagement. Pour proceder a-
vec methode dans l'inftruction que je
vous veux donner, vous devez remarquer que la Religion (j'entens par ce
mot tous les Ordres monaftiques) eft
compofée de deux corps, dont l'un eft
purement celefte & furnaturel, & l'autre terreftre & corruptible, qui n'eft
que de l'invention des hommes; l'un
eft politique, & l'autre miftique par
rapport à Jefus Chrift qui eft l'unique
Chef de la veritable Fglife. L'un eft
permanent, parce qu'il confifte dans la
parole de Dieu qui eft immuable & éter-
nelle, & l'autre eft fujet à une infinité
de changemens, parce qu'il dépend de
celle

celle des hommes qui eſt finie & fail-
lible.   Cela ſuppoſé, il faut ſeparer ces
deux corps, & en faire un juſte diſcernement, pour ſavoir à quoi nous ſommes veritablement obligez.   Ce n'eſt
pas une petite difficulté de les bien dé-
mêler.   La politique comme la plus foible partie s'eſt tellement unie à l'autre
qui eſt la plus forte, que tout eſt preſque à
preſent confondu, & la voix des hommes confuſe avec celle de Dieu.   C'eſt
de ce deſordre que les illuſions, les
ſcrupules, les gênes, & les bourellemens
de conſcience qui mettent ſouvent une
pauvre ame au deſeſpoir, ont pris nai-
ſſance, & que ce joug qui doit être
leger & facile à porter, eſt devenu par
l'impoſition des hommes, peſant, lourd,
& inſupportable à pluſieurs.

Parmi de ſi épaiſſes tenebres, & une
ſi viſible alteration de toutes choſes, il
faut s'attacher uniquement au gros
de l'arbre, ſans ſe mettre en peine d'embraſſer les branches; & ſes rameaux. Il
faut ſe contenter d'obeïr aux preceptes
du Souverain Legiſlateur, & tenir pour
certain que toutes ces œuvres de ſure-
rogation, auſquelles la voix des hommes

mes nous veut engages, ne doivent pas
nous caufer un moment d'inquietude.
Il faut en obeïſſant à ce Dieu qui nous
commande, regarder ſi ſa volonté eſt
écrite de ſes propres doigts, ſi elle ſort
de la bouche de ſon Fils, ou ſi elle part
ſeulement de celle du peuple. Tellement que ſœur *Angelique* peut ſans ſcru-
pule, allonger ſes chaînes, embellir ſa
ſolitude, & donnant un air gay à toutes
ſes actions, s'apprivoiſer avec le monde, elle peut continuat-il, ſe diſpenſer,
autant que prudemment elle pourra faire, de l'execution de tout ce fatras de
vœux & de promeſſes, qu'elle a faite in-
diſcretement, entre les mains des hommes; & rentrer dans les mémes droits
où elle étoit devant ſon engagement,
ne ſuivant que ces premieres obligations.

Voila, pourſuivit-il, pour ce qui regarde la paix intérieure, car pour l'exterieur vous ne pouvez ſans pecher contre la prudence, vous diſpenſer de le
donner aux loix, aux coûtumes, & aux
mœurs, auſquels vous vous êtes aſſujet-
tie, en entrant dans le Cloître. Vous
devez même paroître zelée, & fervente
dans les exercices les plus penibles, ſi
quel-

quelque interêt de gloire, ou d'honneur dépend de ces occupations, vous pouvez parer vôtre chambre de haires, de cilices, & de rofettes, & par ce devot étalage meriter autant que celle qui indifcretement s'en dèchirera le corps.

Agnès. Ah! que je fuis ravie de t'entendre, l'extreme plaifirque j'y ai pris m'a empêché de t'interrompre, & cette liberté de confcience que tu commence à me rendre par ton difcours, me décharge d'un nombre prefque infini de peines qui me tourmentoient. Mais continuë, je te prie, & m'apprens quelle a été le deffein de la politique, dans l'établiffement de tant d'Ordres, dont les Regles, & les Conftitutions font fi rigoureufes?

Angelique. On peut confiderer dans la fondation de tous les Monafteres, deux Ouvriers qui y ont travaillés, à favoir le Fondateur & la Politique. L'intention du premier, a fouvent été pure, fainte, & éloignée de tous les deffeins de l'autre. Et fans avoir d'autre vue que le falut des ames, il a propofé des Regles & des manieres de vivre, qu'il a
crû

crû neceſſaires, ou tout au moins utiles
à ſon avancement ſpirituel, & à celui de
ſon prochain. C'eſt par la que les dé-
ſerts ſe ſont peuplés, & que les Cloîtres ſe ſont bâtis ; le zèle d'un ſeul en
échauffoit pluſieurs, & leur principale
occupation étant de chanter continuel-
lement les loüanges du vrai Dieu, ils
attiroient par ces pieux exercices, des
compagnies entieres, qui s'uniſſoient à
eux, & ne faiſoient qu'un corps. Je
parle en ceci, de ce qui s'eſt paſſé dans
la ferveur des premiers ſiècles ; car pour
le reſte il en faut raiſonner autrement,
& ne pas penſer que cette innocente pri-
mitive, & ce beau caractere de devotion ſe ſoient longtems conſervez, &
ayent fait le partage de ceux, que nous
voyons à preſent.

La Politique qui ne peut rien ſouffrir
de défectueux dans un Etat, voyant l'ac-
croiſſement de ces Reclus, leur deſordre, & leur déreglement, a été obligée
d'y mettre la main, elle en a banni pluſieurs, & retranché des Conſtitutions
des autres, ce qu'elle n'a pas cru neceſſaire à l'interêt commun. Elle auroit bien
voulu ſe défaire entierement de ces
fang-

sangsués, qui dans une oisiveté, & une fainéantise horrible, se nourrissoient du pauvre peuple ; mais ce bouclier de la Religion dont ils se couvroient, & l'esprit du vulgaire dont ils s'étoient déja emparez, ont fait prendre un autre tour, pour que ces sortes de Compagnies ne fussent pas entièrement inutiles à la République.

La Politique a donc regardé toutes ces maisons comme des lieux communs où elle se pourroit décharger de ses superfluités ; elle s'en sert pour le soulagement des familles, que le grand nombre d'enfans rendroient pauvres & indigentes, s'ils n'avoient des endroits pour les retirer, & afin que leur retraite soit sans espérance de retour, elle a inventé les vœux, par lesquels elle prétend nous lier, & nous attacher indissolublement à l'état quelle nous fait embrasser : elle nous fait même renoncer aux droits que la nature nous a donnés, & nous séparent tellement du monde, que nous n'en faisons plus une partie. Tu conçois bien tout ceci ?

Agnès. Oui, mais d'où vient que cette maudite politique, qui de libres

nous

nous rend esclaves, approuve davantage les Regles qui n'ont rien que de rude & d'auftere, que celles qui font
moins rigoureufes?

Angelique. En voici la raifon. Elle
regarde les Religieux & Religieufes
comme des membres retranchez de fon
corps, & comme des parties feparées
dont la vie ne lui femble en particulier
utile à aucune chofe, mais bien plûtôt
dommageable au public. Et comme ce
feroit une action qui paroitroit inhu
maine que de s'en defaire ouvertement
elle fe fert de ftratagêmes, & fous pre-
texte de devotion, elle engage ces pauvres victimes à s'égorger elles-mêmes,
& á fe charger de tant de jeûnes, de
penitences, & de mortifications, qu'enfin ces innocentes fuccombent, & font
place par leur mort, à d'autres qui doivent être auffi miferables, fi elles ne font
pas éclairées. De cette maniere, un pere
eft fouvent le boureau de fes enfans,
& fans y penfer il les facrifient a la politique, lors qu'il croit ne les offrir
qu'à Dieu.

Agnès. Ah pitoyable effet d'un détef-
table gouvernement! Tu me donne la
vie,

vie, ma chere *Angelique*, en me reti-
rant par tes raisons du grand chemin
que je suivois, peu de personnes mettoient plus en usage que moi toutes les
mortifications les plus rudes, je me suis
accablée de coups de discipline pour
combattre souvent des mouvemens innocens de la nature, que mon Directeur faisoit passer pour des déreglemens
horribles. Ah faut-il que j'aye ainsi
été dans l'abus! C'est sans doute par cette cruelle maxime que les ordres miti-
gez sont méprisez, & que ceux qui
n'ont rien que d'affreux, sont loüez &
élevez jusques au Ciel. Oh Dieu, souf-
frez vous qu'on abuse ainsi de vôtre
Nom, pour des executions si injustes?
& permettrez vous que des hommes
vous contrefassent!

Angelique. Ah, mon enfant, que
ces exclamations me font bien connoitre
qu'il te manque encore quelque lumiere,
pour voir clair universellement en toutes choses, demeurons-en là, ton esprit n'est pas capable pour le present
d'une speculation plus delicate. *Aime
Dieu, & ton prochain,* & croi que toute la
loi est renfermée dansces deux commandemens.   *Ag-*

Agnès. Quoi, Angelique, voudriez-vous me laiſſer quelque erreur?

Angelique. Non, mon cœur, tu feras pleinement inſtruite, & je te mettrai un livre entre les mains, qui achevera de te rendre ſavante, & où tu apprendras avec facilité, ce que je n'aurois pû t'expliquer qu'avec confuſion.

Agnès. Cela ſuffit. Il faut que je vous avoüe que j'ai trouvé cet endroit plaiſant *Que les Cloîtres ſont les lieux communs, où la Politique ſe decharge de ces ordures!* il me ſemble qu'on ne peut pas en parler d'une maniere plus baſſe & plus humiliante?

Angelique. Il eſt vrai que l'expreſſion eſt un peu forte: mais elle n'eſt gueres plus choquante que celle d'un autre qui diſoit que *les Moines & les Moineſſes étoient dans l'Egliſe ce que les Rats, & les Souris étoient dans l'Arche de Noé.*

Agnès. Vous avez raiſon, & j'admire la facilité que vous avez à vous énoncer, je ne voudrois pas pour tout ce que je puis avoir de plus cher, que l'occaſion de ma porte entr'ouverte n'eût

don-

donné lieu à nôtre entretien ? Oui j'ai
penetré dans le fens de toutes vos paroles.

Angelique. Eh bien, en feras - tu un
bon ufage ? & ce beau corps qui n'eft
coupable d'aucun crime, fera t - il encore traité comme le plus infame fcelerat
qui foit au monde ?

Agnès. Non , je prétens lui tenir
compte du mauvais temps que je lui ai
fait paffer, je lui en demande pardon,
& en particulier d'une rude difcipline,
que je lui fis hier reffentir par l'avis de
mon Confeffeur.

Angelique. Baife - moi , ma pauvre
enfant, je fuis plus touchée de ce que tu
me dis, que fi je l'avois éprouvée fur
moi même, il faut que ce châtiment
foit le dernier qui te fatigue : mais encore te fis - tu grand mal ?

Agnès. Helas ! mon zèle étoit indif-
cret, & je croyois que plus je frappois
plus j'avois de merite, mon enbonpoint, & ma jeuneff. me rendoient fenfible aux moindres coups ; tellement qu'à
la fin de ce bel exercice, j'avois le der-
rire tout en feu : je ne fai même fi je

n'y

n'y avois point quelque bleffure, parce que j'étois tout à fait tranfportée, lors que je l'outrageois fi vivement.

Angelique. Il faut ma mignonne que j'en faffe la vifite, & que je voye de-quoi eft capable une ferveur mal con-duite?

Agnés. Oh Dieu! faut-il que je fuf-fre cela? c'eft donc tout de bon que vous parlez, je ne puis l'endurer fans con-fufion! Oh, oh!

Angelique. Et à quoi fert donc tout ce que je t'ai dit, fi une fotte pudeur te retient encore? quel mal y-a-t-il à m'accorder ce que je te demande?

Agnès. Il eft vrai, j'ai tort, & vô-tre curiofité n'eft point blâmable, fa-tisfaite la comme vous fouhaitez.

Angelique. Oh! le voilà donc à dé-couvert ce beau vifage toûjours voïlé? met-toi à genoux fur ta couche, & ba-iffe un peu la tête, afin que je remar-que la violence de tes coups. Ah bon-té divine quelle bigarure! il me femble que je vois du taffetas de la chine, ou bien du rayé du temps paffé! il faut a-voir une grande dévotion au *Miftere de*

la

la Flagellation pour enluminer ainfi fes feffes ?

Agnés. Eh bien, as-tu affez contemplè cet innocent outragé ? Oh Dieu comme tu le manie, laiffe-le en repos, afin qu'il reprenne fon premier teint, & qu'il fe défaffe de ce coloris étranger. Quoi tu le baife ?

Angelique. Ne t'y oppofe pas, mon enfant, j'ai l'ame du monde la plus compaffive, & comme c'eft une œuvre de mifericorde de confoler les affligez; je croi que je ne faurois leur fairetrop de careffe pour dignement m'aquiter de ce devoir. Ah que tu as cette partie bien formée! & que la blancheur, & l'enbonpoint qui y paroiffent, lui donnent d'éclat! j'apperçois auffi un autre en droit, qui n'eft pas moins bien partagé de la Nature, c'eft *la Nature même.*

Agnés. Retire ta main je te prie de ce lieu, fi tu ne veux y caufer une incendie qui ne pouroit pas s'éteindre facilement ? il faut que je t'avoüe mon foible, je fuis la fille la plus fenfible qui fe puiffe trouver, & ce qui ne cauferoit pas à d'autres la moindre émotion, me met fouvent en defordre.

B

Au-

Angelique· Quoi tu n'es donc pas fi froide, comme tu voulois me perfuader au commencement de nôtre converfation? & je croi que tu feras auffi bien ton perfonnage, qu'aucune que je connoiffe, quand je t'aurai mife entre les mains de cinq ou fix bons Freres. Je fouhaiterois pour ce fujet, que le temps de la retraite, où je vais entrer felon la coûtume, pût fe differer, afin de me trouver avec toi au Parloir. Mais n'importe, je m'en confolerai par le recit que tu me feras de tout ce qui fe fera paffé; à favoir fi *l'Abbé* aura mieux fait que *le Moine*, fi *le Feüillant* l'aura emporté fut *le Jefuite*, & enfin fi toute *la Fratraille* t'aura pleinement fatisfaite.

Agnés. Ah que je me figure d'embarras dans ces fortes d'entretiens, & qu'ils me trouveront Novice en fait d'amourettes!

Angelique. Ne te mets pas en peine, ils favent de la maniere qu'il faut ufer avec tout le monde, & un quart d'heure avec eux, te rendra plus favante, que tous les preceptes que tu pourrois recevoir de moi, dans une femaine, ça, couvre ton derriere, de crainte

qu'il

qu'il ne s'enrûme: tien il aura encore
ce baiſer de moi, & celui-ci & celui-là.

Agnès. Que tu és badine! Crois tu
que j'aurois ſouffert ces ſottiſes, ſans
que je ſai que rien n'y eſt offenſé.

Angelique. Si cela étoit je pecherois
donc à tout moment, car le ſoin qu'on
m'a donné des Ecolieres, & des Pen-
ſionnaires, m'oblige à viſiter leur maiſon de derriere bien ſouvent. Encore
hier je donnai le foüet à une plutôt pour
ma ſatisfaction, que pour aucune faute
qu'elle eut commiſe, je prenois un plaiſir ſingulier à la contempler, elle eſt
fort jolie & a déja treize ans.

Agnès. Je ſoûpire aprés cet emploi
de maitreſſe de l'Ecole, afin de prendre un ſemblable divertiſſement. Je ſuis
frappée de cette fantaiſie, & même je
ferois ravie de voir en toi ce que tu as
conſideré ſi attentivement dans ma perſonne.

Angelique. Helas mon enfant, la demande que tu me fais ne me ſurprend
point, nous ſommes toutes formées de
même pâte. Tien je me mets dans ta
poſture, bon leve ma juppe & ma chemiſe le plus haut que tu pourras.

Agnès. J'ai grande envie de prendre ma difcipline, & de faire en forte que ces deux Sœurs jumelles n'ayent rien à me reprocher.

Angelique. Ouf! ouf! ouf! comme tu y vas! Ces fortes de jeux ne me plaifent que quand ils ne font pas violens? tréve, tréve, fi ta devotion t'alloit reprendre, je ferois perdue: Oh Dieu que tu as le bras flexible, j'ai deffein de t'affocier dans mon office, mais il y faut un peu plus de moderation.

Agnés. Voilà certes bien dequoi fe plaindre, ce n'eft pas là la dixme des coups que j'ai reçûs, je te remets le refte à une autre fois, il faut accorder quelque chofe à ton peu de courage. Sçais tu bien que cet endroit en devient plus beau, un certain feu qui l'anime, lui communique un vermillon plus pur & plus brillant que tout celui d'Efpagne. Approche-toi un peu plus prés de la fenêtre, afin que le jour m'en découvre toutes les beautez. Voilà qui eft bien. Je ne me lafferois jamais de le regarder, je vois tout ce que je fouhaitois jufques à fon voifinage, pourquoi couvres tu cette partie de ta main?

An-

Angelique. Helas tu peux la considerer auſſi bien que le reſte, s'il y a du mal à cette occupation, il n'eſt pas préjudiciable à perſonne, & ne trouble aucunement la tranquilité publique.

Agnés. Comment pourroit-il la troubler, puis que nous n'en faiſons plus une partie; outre que les fautes cachées ſont à demi pardonnées.

Angelique. Tu as raiſon, car ſi l'on pratiquoit dans le monde autant de crimes, pour parler conformement à nos Regles, comme il s'en commet dans les Cloîtres, la Police ſeroit obligée d'en corriger les abus, & couperoit le cours à tous ces deſordres.

Agnés. Je croi auſſi que les peres & meres ne permettroient jamais l'entrée de nos Maiſons à leurs enfans, s'ils en connoiſſoient le dereglement.

Angelique. Il n'en faut pas douter, mais comme la plûpart des fautes y ſont ſecretes, & que la diſſimulation y regne plus qu'en aucun endroit, tous ceux qui y demeurent n'en apperçoivent pas les defauts; mais ſervent eux-mêmes à engager les autres. Outre que l'intereſt particulier des familles, l'emporte

ſou-

souvent sur beaucoup d'autres considé-
rations.

Agnés. Les Confesseurs & les Directeurs des Cloîtres, ont un talent particulier, pour faire aller dans leur filets,
de pauvres innocentes qui tombent dans
un piege, en pensant trouver un tre-
sor.

Angelique. Il est vrai, & je l'ai éprouvé en ma personne. Je n'avois aucun
penchant pour la Religion, je combat-
tois vivement les raisons de ceux qui
m'y portoient, & jamais je n'y serois
entrée, si un Jesuite qui pour lors gouvernoit ce Monastere, ne s'en étoit mêlé, un interêt de famille obligea ma mere qui m'aimoit tendrement, & qui s'y
étoit toûjours opposée à y donner les
mains. J'y resistai long-temps, parce
que je ne prévoyois pas que le Comte
de la Roche mon frere aîné, par le droit
de Noblesse, & par les Coûtumes du
pais, emportoit presque tout le bien de
la maison, & nous laissoit six, sans autre appui que celui qu'il nous promet-
toit, qui selon son humeur devoit être
peu de chose. Enfin il ceda dix mille
francs, à ce qu'il me dit, de ses pré-
ten-

tentions, ausquels quatre autres furent
ajoûtez, tellement que j'apportai qua-
torze mille livres pour ma dot, en fai-
sant profession dans ce Couvent : Mais
pour revenir à l'adresse de celui qui
m'en debaucha, tu sauras qu'on fit en
forte que je me rencontrasse avec lui,
une aprés dînée que j'étois allée rendre
visite à une de mes cousines qui étoit
Religieuse, & qui mouroit d'envie de
me voir revêtue d'un habit semblable
au sien.

Agnès. N'étoit-ce pas, Sœur Victoire ?

Angelique. Oui. Nous étant donc
trouvez tous trois à un même parloir,
le Jesuite, Victoire & moi, nous com-
mençâmes par les complimens & les ci-
vilités, dont on use dans les premieres
entrevûës, elles furent suivies d'un discours de ce Loyoliste touchant les va-
nitez du siècle, & la difficulté de faire
son salut dans le monde, qui disposa beaucoup mon esprit à se laisser tromper :
Ce n'étoient neanmoins que de legeres
preparations, il avoit bien d'autres sub-
tilitez pour s'insinuer dans mon interieur ; & pour me faire entrer dans

 ses

ſes ſentimens, il me diſoit quelquefois qu'il remarquoit dans ma phiſionomie le veritable caractere d'une ame Religieuſe, qu'il avoit un don particulier pour en faire un juſte diſcernement, & que je ne pouvois ſans faire une injure à Dieu, (c'eſt ainſi qu'il parloit) conſacrer au monde une beauté auſſi parfaite que la mienne.

Agnés. Il ne s'y prenoit pas mal, que répondois-tu à tout cela?

Angelique. Je combatis d'abord ces premieres raiſons, par d'autres que je lui oppoſois, qu'il détruiſoit avec un artifice merveilleux ; Victoire aidoit encore à me tromper, & me faiſoit voir la Religion du côté qu'elle peut avoir quelque choſe d'aimable, & me cachoit adroitement tout ce qui étoit capable de m'en rebuter. Enfin le Jeſuite, qui comme j'ai appris, avoit bien fait des conquétes plus difficiles, fit ſes derniers efforts pour s'aſſurer de la mienne. Il y reüſſit par la peinture qu'il me fit du monde, & de la Religion, & me contraignit par la force de ſon éloquence, à embraſſer étroitement ſon parti.

Agnés. Mais encore que dit-il qui fut

ca-

capable d'exercer un pouvoir si absolu
sur ton esprit?

Angelique. Je ne puis te le rapporter
dans son étenduë, car il me tint trois
heures à la grille: tu sauras seulement,
qu'il me prouva par des raisonnemens
que je croyois forts, que c'étoit là ma
vocation, dans laquelle seule je pouvois
faire mon salut, qu'il n'y avoit point
de sûreté pour moi, ni de chemin hors
de là; que le monde n'étoit rempli que
d'écueïls, & de precipices; que les excés
des Religieux valoient mieux que la
moderation des Mondains, & que le
repos & la contemplation des uns, étoit
en même temps plus douce, & plus
meritoire que l'action, & tout l'embarras des autres. Que c'étoit dans les
Cloîtres seuls, où l'on pouvoit traiter
familierement avec Dieu, & par con-
sequent, que pour se rendre digne d'u-
ne communication si sainte & si rele-
vée, il falloit suïr la compagnie des
hommes. Que c'étoit dans ces lieux
que se conservoient les restes de l'ancienne ferveur des Chrêtiens, & qu'on pouvoit voir l'image veritable de la primi-
tive Eglise.

B 5

Ag-

Agnés. On ne pouvoit pas parler a-
vec plus d'éloquence, & tout ensem-
ble avec plus d'artifice, car je remar-
que qu'il ne te dit pas un mot des rigueurs & des austeritez qui pouvoient
t'épouvanter.

Angelique. Tu te trompes il n'oublia
rien : Mais les peines & les mortifications dont il me parla, furent affaison-
nées de tant de douceur, que je ne les
trouvai point de mauvais goût. Je ne
veux rien vous cacher (me disoit-il.)
Ces devotes compagnies, dont j'espere
que vous augmenterez le nombre, tra-
vaillent jour & nuit par leurs austeritez,
& penitences, à dompter l'orgueil, &
l'infolence de la nature, elles exercent
fur leurs fens une violence qui dure toûjours ; fans mourir, leur ame eft fepa-
rée de leur corps ; & méprifant égale-
ment la douleur & la volupté, elles vi-
vent comme fi elles n'étoient faites que
du feul efprit. Ce n'eft pas tout (pour-
fuivit-il) d'un ton perfuafif, elles font
un facrifice rigoureux de leur liberté,
elles fe dépoüillent de tous leurs biens
pour s'enrichir feulement d'efperances,
& s'impofent par des vœux folemnels,

la necessité d'une perpetuelle vertu.

Agnés. C'étoit un maître Orateur, que ce Disciple de Loyola, je souhaiterois le connoître?

Angelique. Tu le connois bien, & je t'appendrai de petites particularitez de sa vie, qui te feront croire, qu'il sait faire plus d'un personnage. Mais il faut que je t'acheve le reste. Voilà Mademoiselle, bien des chaînes des rigueurs, & des mortifications que je vous presente; mais le croiriez-vous, me dit-il, ces saintes ames dont je vous parle presentement, sont glorieuses de ce joug, elles sont vaines de cette servitude, & il ne s'offre point de rude peine à souffrir, qu'elles n'estiment une grande recompense; elles font toutes leurs amours & leur passion du service de Jesus Christ; c'est lui seul qui les met toutes en feu, pour peu qu'il les touche, c'est lui qui est l'unique Maître de leur cœur, & qui fait faire succeder à leurs peines, des joyes & des douceurs incroyables.

Agnés. Sans doute tu fûs charmée par ce beau discours.

Angelique. Oui mon enfant, ce Charlatan me persuada, ses paroles me chan-
ge-

gerent en un moment, elles m'arra-
cherent à moi-même, & me firent re-
chercher avec ardeur, ce que j'avois
toûjours fuï avec conftance. Je devins
la plus fcrupuleufe du monde, & parce qu'il m'avoit dit qu'hors du Cloître,
je ne pouvois faire mon falut, je m'i-
maginois devant que d'y être entrée,
avoir tous les diables à mes côtez. Depuis ce temps, il a voulu lui-même me
remettre dans le bon fens, il m'a donné les connoifances qui pouvoient me
tirer des tenebres, où il m'avoit jettée,
& c'eft à fa Morale que je dois tout le
repos, & la quietude d'efprit que je pof-
fede.

Agnès. Apprens moi donc vîte qui eft
ce perfonnage?

Angelique. C'eft le Pere de Raucourt.

Agnès. Oh Dieu quel enchanteur!
j'ai été une fois à confeffe à lui, je le
prenois pour l'homme du Monde le plus
devot, il eft vrai qu'il fait l'art de gagner les cœurs, en perfection, & qu'il
perfuade ce qu'il defire. Mais je lui veux
mal de m'avoir laiffée dans l'erreur où
il me trouva, & d'où il me pouvoit dégager.

Angelique. Ah ! qu'il eſt trop prudent pour ſe mettre ainſi au hazard ; il te voyoit dans une bigotterie extraordinaire, dans des ſcrupules horribles, & il ſavoit que d'une extremité à l'autre on ne peut pas reduire une fille ſi facilement. Outre que ſi un ſeul Saint éclairoit tous les aveugles, il n'y auroit plus de miracle à faire pour les autres tu m'entens bien ! c'eſt à dire, que ſi tu avois eu la foi, tu aurois été gueri, & que ſi ce ſage Directeur eût reconnu en toi quelques diſpoſitions à ſuivre ſes ordonnances, il t'auroit ſervi de Medecin.

Agnés. Je le croi, mais j'aime autant t'en avoir l'obligation qu'à lui-même. Apprens-moi je te prie quelque trait de la vie de ce Bienheureux.

Angelique. Je le veux mon petit cœur, baiſe-moi donc & m'embraſſe bien amoureuſement auparavant : ah ! ah ! voilà qui eſt bien. Ah que je ſuis charmée de la beauté de ta bouche & de tes yeux ! un ſeul de tes baiſers me tranſporte plus que je ne puis te l'exprimer.

Agnés. Commence donc ? ah que tu és une grande baiſeuſe !

Ag-

Angelique. Je ne me laſſe jamais de careſſer ce que je trouve aimable. Puiſ-que tu connois le Pere de Raucourt, il n'eſt pas neceſſaire que je te diſe que c'eſt l'homme du monde le plus intri-guant, le plus adroit, & le plus ſpiri-tuel qui ſe puiſſe trouver. Seulement je t'apprendrai qu'en fait d'amitié, il eſt délicat au dernier point, & que com-me il croit valoir quelque choſe, il faut avoir bien des qualitez pour lui plaire. Entre toutes ces conquêtes il n'en comp-toit point de plus glorieuſe, que celle qu'il avoit faite d'une jeune Religieuſe d'un Couvent de cette ville, qui s'ap-pelle ſœur Virginie.

Agnés. J'en ai ouï parler comme d'u-ne beauté achevée, mais je n'en ſai point d'autres particularitez.

Angelique. C'eſt une fille la plus belle qui ſe puiſſe voir, ſi le portrait que ſon galant m'en a montré eſt fidele, pour de l'eſprit elle en eſt autant bien parta-gée qu'elle le pouvoit ſouhaiter, elle eſt enjoüée, elle touche pluſieurs inſtru-mens: & chante avec des charmes ca-pables d'enlever les cœurs. Il y avoit déja quelqe mois que nôtre Jeſuite ſe

l'e-

l'étoit entierement aquise, & qu'ils joüis-
foient tous deux de cette douce tranquilité qui fait tout le bonheur des a-
mans, lors que la jaloufie commença le
defordre que tu vas entendre.

Il y avoit dans le même Monaftere
une Religieufe pour qui le Pere avoit
témoigné avoir de l'amitié, & á qui il
avoit fait plufieurs vifites fur ce pied
là: il en avoit même reçû quelques faveurs, capables d'engager fortement un
homme un peu fidelle, mais l'éclat de
la beauté de Virginie, l'emporta fur
fon cœur, il fe dégagea interieurement
de cette premiere habitude, & ne donna plus à cette pauvre fille, que l'exterieur, & les apparences d'un veritable amour. Elle s'aperçût bien-tôt du
changement, & vit clairement qu'il y
avoit du partage. Elle diffimula neanmoins fon chagrin, & voyant qu'elle
avoit affaire à une Rivale qui la fur-
paffoit en tout, elle ne fit point deffein
de s'attaquer â elle, mais elle jura la
perte de celui qui la méprifoit.

Pour venir plus facilement à bout de
fon entreprife, elle étudia les heures,
& les momens, que Virginie donnoit

à

à l'entretien de ce Religieux amant, &
comme elle avoit appris par experience, qu'il ne se contentoit pas de paroles, ni de faveurs legeres, elle crût avec
raison qu'elle pourroit les surprendre
dans de certains exercices dont la connoissance la rendroit Maîtresse du fort
de son infidéle : elle fut long-temps devant que de rien découvrir d'assez fort
pour éclater, elle apperçût bien deux
ou trois fois ce pauvre Pere qui se ré-
chauffoit la main dans le sein de Virginie, elles les vit se donnant quelques
baisers, avec une ardeur incroïable,
mais cela passoit pour bagatelles dans
son esprit, & comme elle savoit qu'on
ne comptoit dans le Cloître ces fortes
d'actions que pour des Peccadilles, que
l'eau benite efface ; elle s'en tût en at-
tendant une meilleure occasion de parler.

Agnés. Ah que je crains pour la pauvre Virginie !

Angelique. Nos amans qui ne se dou-
toient point des embûches qu'on leur
dressoit, ne prenoient point de mesu-
res pour s'en défendre, ils se voyoient
deux ou trois fois la semaine, & s'é-
cri-

crivoient des billets lors que la prudence les obligeoit à se separer pour quelque temps l'un de l'autre, de crainte
de donner lieu à la médisance. Les lettres du Pere dont les expressions étoient
fortes & tendres, acheverent de lui
gagner tout à fait Virginie, il la fut
voir aprés huit jours d'absence, & re-
marqua à ses yeux & à sa contenance,
qu'il en auroit ce qu'elle lui avoit toûjours refusé auparavant. Cependant sa
rivalle n'étoit pas oisive, car étant d'intelligence avec la Mere portiere, elle
venoit d'apprendre l'arrivée du Jesuite,
& ne doutant point qu'aprés un si long
intervalle, ils n'en vinssent à des privautez telles qu'elles les-auroit souhai-
tées pour soi même, elle se transporta
animée de la jalousie dans un lieu voi-
sin du parloir, où par le moïen d'une
petite ouverture qu'elle avoit faite, elle
pouvoit découvrir jusques aux moindres
mouvemens de ceux qui s'y entretenoient, & entendre leurs plus secretes
conversations.

Agnés. C'est ici que ma crainte se re-
nouvelle. Ah que je veux de mal à cette curieuse de troubler si malicieusement

le

le repos de deux malheureux amans?

Angelique. Afin que les dépofitions qu'elle avoit deffein de faire, de ce qu'elle verroit, fuffent reçûës fans difficulté elle prit une autre Religieufe avec foi, qui pût rendre un femblable témoignage. S'étant donc poftées l'une & l'autre dans l'endroit dont je t'ai parlé, elles apperçûrent nos deux amans qui s'entretenoient plus par leurs regards & par leurs foûpirs, que par les paroles, ils fe ferroient étroitement la main, & fe regardant avec langueur ils fe difoient quelque mots de tendreffe, qui partoient plus de leur cœur, que de leur bouche. Cette amoureufe contemplation, fut fuivie de l'ouverture d'une petite fenêtre quarée, qui étoit vers le milieu de la grille, & qui fervoit à paffer les paquets un peu gros dont on faifoit prefent aux Religieufes. Ce fut pour lors que Virginie reçût & donna mille baifers, mais avec des tranfports fi grands, avec des faillies fi furprenantes, que l'amour même n'auroit pas pû en augmenter l'ardeur; Ah ma chere Virginie, commença nôtre paffionné, vous voulez donc que nous en demeurions là?

helas! que vous avez peu de retour pour
ceux qui vous aiment, & que vous favez bien pratiquer l'art de les tourmen-
ter? eh quoi reprit nôtre Veſtale puis-
je encore vous faire preſent de quelque
choſe aprés vous avoir donné mon cœur?
ah que vôtre amour eſt tirannique, je
ſai ce que vous deſirez, je ſai même
que j'ai eu la foibleſſe de vous le faire
eſperer, mais je n'ignore pas que c'eſt
tout mon bien, & toute ma richeſſe,
& que je ne puis vous l'accorder,
qu'en me reduiſant à l'extremité. Ne
pouvons-nous pas en demeurant dans
les termes où nous ſommes, paſſer en-
ſemble de doux momens, & goûter
des plaiſirs d'autant plus parfaits, qu'ils
ſeront purs & innocens? Si vôtre bonheur comme vous me dites, ne dépend
que de la perte de ce que j'ai de plus
cher, vous ne pouvez être heureux
qu'une ſeule fois & moi toûjours miſe-
rable, puiſque c'eſt une choſe qui ne
ſe peut recouvrir, pour ſe laiſſer perdre comme auparavant, croyez-moi,
aimons-nous comme un frere aime une
ſœur, & donnons à cette amour toutes

les

les libertez qu'il pourra s'imaginer, à
l'exception d'une feule.

Agnés. Et le Jefuite ne répondoit-il
point à tout cela?

Angelique. Non pendant tout ce difcours il ne dit rien, mais fe foûtenant
la tête d'une main, dans une pofture
de melancolique, il regardoit avec des
yeux remplis de langueur, celle qui lui
parloit. Aprés quoi lui prenant la main
au travers de la grille, il lui dit d'un air
touchant. Il faut donc changer de methode, & n'aimer plus comme auparavant? le pouvez-vous Virginie? pour
moi je ne puis rien retrancher de mon
amour, & les regles que vous venez de
me prefcrire, ne peuvent être reçûës
d'un veritable amant : il lui exagera en-
fuite avec tant de feu l'excés de fon ardeur, qu'il la déconcerta entierement;
& tira d'elle une promeffe de vive voix,
de lui accorder dans quelques jours ce
qui feul devoit le rendre parfaitement
heureux, il la fit pour lors approcher
plus prés de la grille, & l'ayant fait
monter fur un fiege affez élevé, il la
conjure de lui permettre au moins de
fatisfaire fa vûë, puifque toute autre

liberté lui étoit défenduë, elle lui obeït aprés quelque resiſtance, & lui donna le temps de voir & de manier les endroits consacrez à la chaſteté, & à la continence. Elle de son côté voulut auſſi contenter ses yeux par une pareil-curioſité, & le Jesuite qui n'étoit pas insensible en trouva aisément les moyens, & elle obtint de lui ce qu'elle desiroit, avec plus de facilité qu'elle ne le lui avoit accordé. Ce fut là, le moment fatal de l'un & de l'autre, & celui que desiroient nos Eſpionnes: elles contemploient avec une satisfaction extraordinaire, les plus beaux endroits du corps nu de leur compagne, que le Jesuite mettoit à découvert, & qu'il manioit avec les tranſports d'un amant insensé. Tantôt elles admiroient une partie, tantôt une autre, selon que le Pere officieux, tournoit & faisoit changer de situation à son amante, tellement que quand il consideroit le devant, il leur exposoit en veuë son derriere, parce que sa juppe d'un côté & d'autre étoit levée jusques à la ceinture.

Agnés. Il me semble que je suis presen-

fente à ce fpectacle, tant tu en rapporte l'hiftoire naïvement.

Angelique. Enfin ils terminerent leurs
badineries, & nos deux Sœurs fe reti-
rerent dans le deffein de couper le cours
à ces amours mal conduits : & d'empêcher l'effet de la promeffe de Virginie.
Par un bonheur particulier pour cette
pauvre innocente, la Religieufe que fa
Rivale étoit affociée dans la confidera-
tion de ce qui s'étoit paffé, avoit une
amitié bien tendre pour elle, & tâcha
de trouver un biais pour détruire le Jefuite, fans nuire à celle qu'elle cherif-
foit : elle lui fit connoître ce qu'elle fça-
voit d'elle, l'affura de ne rien faire à
fon préjudice, pourvu qu'elle lui pro-
mit de rompre entierement avec ce Religieux, & de n'avoir pas á l'avenir la
moindre communication avec lui. Virginie toute honteufe de ce qu'elle appre-
noit, s'engagea á tout ce qu'on voulut,
demandant feulement avec inftance que
l'on confervât la reputation du Jefuite
parce qu'il étoit impoffible de nuire á
l'un fans porter dommage á l'autre. Elle protefta qu'elle ne vouloit plus le voir,
& que ce billet qu'elle lui alloit écrire

pour

pour lui donner avis de ne plus revenir, feroit le dernier qu'il recevroit d'elle. Ces conditions furent reçûës de toutes deux, quoi qu'avec peine, elles em-
braſſerent Virginie dont elles étoient
devenuës amoureuſes, & dirent en la
quittant qu'elles vouloient prendre la
place du Pere, & lier une étroite amitié avec elle.

Agnés. Elle en étoit quite à bon mar-
ché, je croi qu'elle devoit cette Indulgence à ſa beauté, & à ſes autres qualitez qui la rendirent ſans doute aimable
à ſon ennemie même?

Angelique. Ce n'eſt pas encore ici la
fin de nôtre hiſtoire. Virginie écrivit
donc promptement au Pere de Raucourt,
& l'avertit par ſon billet de tout ce qui
ſe paſſoit, & des conditions auſquelles
elle s'étoit engagée, pour ſauver ſon
honneur, & le ſien: elle lui remontra
le danger où il s'expoſeroit s'il revenoit
pour la voir, & lui fit connoître qu'il
étoit même impoſſible qu'elle reçût de
ſes lettres s'il ne ſe ſervoit d'une intri-
gue particuliere, pour éviter leurs ſur-
priſes. Elle finiſſoit par des proteſtations d'un amour conſtant, & á l'épreuve

ve de toutes les plus rudes attaques de
la jalousie, & lui faisoit esperer que le
temps pourroit dissiper cet orage, qui
les menaçoit, & les rendre plus heureux
que jamais. Je ne dis point avec quelle
surprise le pere reçût & lût cette lettre
ce fut un coup de foudre qui le frappa,
il vit qu'il n'étoit pas á propos d'y faire
réponse & qu'il faloit ceder au malheur
qui s'opposoit á sa bonne fortune, dans
le moment qu'il étoit prêt d'en jouïr.

Trois semaines s'étoient deja passées
de ce veuvage, lors que Virginie s'en-
s'ennuyant de sa solitude, trouva par
une adresse merveilleuse le moyen d'a-
prendre des nouvelles de son Amant,
& de lui faire part des siennes. Elle
feignit de s'être oubliée d'envoyer au
Pere de Raucourt un Bonnet quarré,
qu'il lui avoit donné á faire, du temps
de leurs familiaritez passées: sa rivale
lui dit qu'elle eut á lui remettre entre
les mains, & qu'elle le feroit tenir par
une Touriere. Cela fut fait, la messa-
gere fut avertie de la maniere qu'elle
devoit parler, elle s'aquitta de sa com-
mission de point en point, & le Jesuite aprés avoir reçû le Bonnet, la pria
d'at-

d'attendre un moment dans l'Eglife afin
d'avoir lieu de penfer à ce qu'il voyoit.
Aprés un peu de reflexion il fe douta
du ftratageme, fit ouverture dans un
endroit du Bonnet, & y trouva une lettre de Virginie, fans l'examiner beaucoup, il y fit promptement la réponfe,
qu'il plaça dans le même lieu qu'il fer-
ma le mieux qu'il pût avec deux ou
trois points d'aiguilles. Il revint join-
dre la Touriere qu'il pria de raporter
le Bonnet afin qu'on le raccommodàt
parce qu'il étoit de beaucoup trop étroit
pour lui, qu'il l'avoit fait effayer à plufieurs de la maifon afin d'exempter la
perfonne de la peine qu'elle auroit à le
reformer, mais qu'il ne s'étoit trouvé
aucun Pere à qui il fut propre, qu'au
refte qu'il lui étoit fort obligé de la
patience qu'elle avoit euë à attendre fi
long-temps. La bonne fœur répondit
par fes reverences aux civilitez du Pere, & remporta le Bonnet quaré au
Monaftere, elle le remit par l'ordre de
celle qui l'avoit envoyée, entre les mains
de Virginie, qui fut ravie d'y apprendre des nouvelles de celui qu'elle aimoit,

C   &

& de ce que son artifice avoit si bien
réüssi.

Agnés. Il faut avoüer que l'Amour est
bien inventif.

Angelique. Ce commerce dura plus
d'un mois, il y avoit toûjours quelque
chose à refaire à ce venerable Bonnet;
de trois jours l'un, il falloit le porter
au College, & le rapporter au Monastere. Personne ne s'imaginoit neanmoins qu'il y eut rien de mysterieux
dans une semblable chose, on n'y prenoit pas garde, & ils auroient pû encore se servir de ce postillon sans l'accident qui le cassa au gage.

Agnés. Oh Dieu je m'imagine que le
Pot au Rose fut découvert par la Touriere !

Angelique. Non tu te trompe. Cela
vint de ce qu'un jour de jeûne que le
portier des Jesuites, étoit de mauvaise
humeur pour n'avoir peut-être pas vui
de sa Roquille à l'ordinaire. La Touriere qui avoit une infinité de com-
missions, & entr'autres celle du Bonnet, sonna deux ou trois fois à la porte du College, pour se décharger au
plûtôt de son message. Ce bon Frere
partit

partit du Jardin où il ètoit, & étant
arrivé hors d'haleine, penſant que ce
fut quelque Evêque, ou Archevêque,
ou quelque autre Grandeur, qui eut
ainſi ſonné en Maître, il fut bien ſur-
pris à la veuë de la bonne Sœur, qui
n'avoit rien autre choſe à lui dire, que
de remettre le Bonnet quarré entre les
mains du Pere de Raucourt. Ce demi
Cuiſtre rebattu par tant de viſite qui
ne lui plaiſoient pas, s'emporta de co-
lere, & dit que ce Bonnet là ſe pro-
menoit trop ſouvent, & qu'il le met-
troit en la diſpoſition d'un homme qu'il
lui feroit faire un peu de retraite. La
Touriere s'excuſant le mieux qui lui fut
poſſible, ſe retira, & le Recteur qui
attendoit un compagnon, pour ſortir,
ayant entendu le Dialogue, appella le
frere & voulut apprendre le ſujet du
differend, & pourquoi il traitoit ainſi
rudement les perſonnes qui avoient à
fiire à ceux de la maiſon. Celuici ſe
voyant chapitré de ſon Superieur, lui
dit tout ce qu'il penſoit de ce Bonnet,
l'aſſura qu'il avoit déja fait prés de
vingt tours & retours du College au
Monaſtere, que ſans doute il y avoit

 quel-

quelque deſſein caché dans ces manieres, & que s'il plaiſoit à ſa Reverence,
il viſiteroit cette piece, qu'il diſoit de
contrebande; ce qu'il fit à l'inſtant, &
d'un coup de ciſeau, il fit voir le jour
au quinzième *Enfant du Bonnet quaré*
qui venoit en droite ligne de la Sœur
Virginie.

Agnés. Oh Dieu qu'une perſonne a
de peine à ſe ſauver, quand un mauvais Deſtin la pourſuit, & qu'il a juré
ſa perte! qu'arriva-t-il de tout cela?

Angelique. Il eſt arrivé que le Pere
a été confiné dans une autre Province, & que la pauvre Virginie a été
mortifiée de quelques penitences, &
c'eſt de là qu'eſt venu le proverbe
qu'il y a bien de la malice ſous le Bon-
net quarré d'un Jeſuite.

Agnés. Ah Dieu c'etoit pour elle ſeule
que j'apprehendois, mais dis moi comment cela vint à la connoiſſance de la
Prieure?

Angelique. Je ferois trop longtemps,
à t'entretenir de la même choſe, dans
la premiere converſation qui ſuccede-
ra à ma retraite, je t'en dirai davantage ſur ce ſujet, je te ferai voir deux

Enfans

Enfans du Bonnet quarré, & t'apprendrai le fort de leur pere & mere. Pen-
fe feulement á prefent, ma plus chere, que je vais paffer huit ou dix jours
bien triftement, puis qu'il me fera de-
fendu d'avoir la moindre conference
avec toi.   Je vais écrire à trois des
mes bons amis afin qu'ils te faffent
vifite pendant ce temps; il y a un Abbé, un Feüillant, & un Capucin.

Agnés. Oh Dieu quelle bigareure !
& que voulez-vous que je faffe avec
tous ces gens-lá, que je ne connois
point?

Angelique. Tu n'as qu'á être obeïf-
fante, ils t'apprendront affez ce qui
fera de ton devoir pour les fatisfaire
& pour te contenter   Tien voici un
livre que je te prete, fais er un bon
ufage, il t'inftruira de beaucoup de
chofes, & donnera á ton efprit toute la quietude que tu peux fouhaiter.
Baife moi, ma chere enfant, pour tout
le temps que je ferai fans te voir, Ah
que je pafferois ma retraite avec bien
du plaifir, fi le Directeur que j'aurai
étoit auffi aimable & auffi docile que
toi! Adieu mon cœur habille toi, tiens

ſecrettes toutes nos amietez , & te
prepare à me faire le recit de tous tes
divertiſſemens , lors que je ſerai ſor-
tie de mes exercices.

Fin du Premier Entretien.

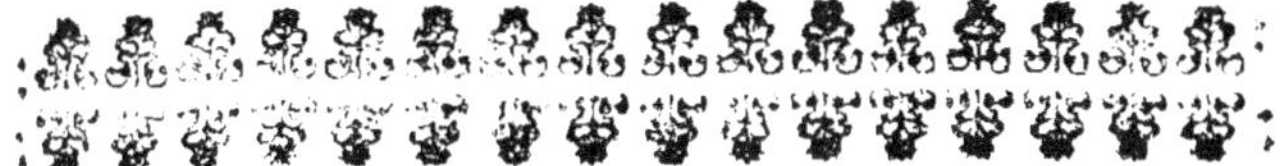

VENUS

DANS LE CLOÎTRE,

OU LA

RELIGIEUSE

EN CHEMISE.

SECOND ENTRETIEN.

Sœur *Angelique.* Sœur *Agnés.*

Angelique. AH Dieu soit loüé ! je commence à respirer, jamais je n'ai été plus accablée de devotions, de mysteres, & d'Indulgences, que depuis que je t'ai quittée: ah que je suis rebutée de toutes ces superstitions! Comment te portes tu ? tu ne me dis rien, qu'as-tu à rire?

Agnés. Je suis toute honteuse de paroître devant vous, je m'imagine que

C 4

vous

vous favez déja jufques aux moindres particularitez de tout ce qui s'eft dit, & paffé dans vôtre abfence.

Angelique Et de qui aurois-je pû l'apprendre ? tu te raille bien de moi, vient-en dans ma chambre, & fonge par où tu commenceras à m'en faire un fidele récit. Pour moi je fors d'entre les mains d'un fauvage qui auroit mis au defefpoir un efprit autrement tourné que le mien, je veux dire de mon Directeur, c'eft l'homme le plus bourru, & le plus ignorant de fon caractere. Je croi qu'il m'a fait gagner toutes les Indulgences, & les Pardons qui ont jamais été accordez par les Papes, depuis Gregoire le Grand, jufques à Innocent XI, fi je l'avois crû je me ferois mife le corps en fang par les difciplines qu'il m'a ordonnées, ce n'eft pas que je lui aye fait montre de beaucoup de malice dans les Confeffions qu'il a entenduës de moi : mais c'eft parce qu'il s'imagine que pour être dans le chemin du Paradis il faut être auffi fec, auffi maigre, & auffi décharné que lui, & que c'eft affez que d'être un peu agreable, & d'avoir de l'enbonpoint pour meriter toutes fortes de penitences.

ces. Jugés par la comme j'ai paſſé mon tems, & ſi je n'ai pas eu ſujet de m'ennuyer?

Agnés. Pour moi je te dirai que tu m'as donné des Directeurs qui ne m'ont gueres moins fatiguée que le tien, je ne ſai pas ſi j'ai gagné avec eux des Indulgences, mais je ſuis certaine que pour les gagner beaucoup de perſonnes n'en font pas tant que nous en avons fait.

Angelique. Je n'en doute point. Mais dis-moi un peu des nouvelles de nôtre Abbé, & m'apprend s'il eſt capable de quelque choſe.

Agnés. Ce fut lui que je vis le premier, & en qui j'ai trouvé plus de feu, il n'y a rien de plus vif & de plus animé, & il y a plaiſir à l'entendre diſcourir. J'étois à la recreation d'après le dîner lors qu'on vint m'avertir qu'il me demandoit. Comme je ſavois que Madame étoit indiſpoſée, je lui fis dire par la Portiere qu'il allât au grand parloir, & qu'il ne s'impatientât pas. Je le fis bien attendre un bon quart d'heure, parce que je changeai de voile & de guimpe, afin de paroître devant lui un

 peu

peu proprement, & de tâcher à répon-
dre à l'efperance qu'il avoit, de voir
une perfonne dont on lui avoit fait le
portrait fi avantageufement. A fon a-
bord je fis femblant de paroître un peu
interdite, répondant fort ferieufement
aux civilitez qu'il me faifoit, mais cela ne le démonta point; au contraire il
prit de là occafion de me dire, fort
hardiment, qu'il favoit qu'il étoit permis aux belles de parler d'un certain air
indifferent, qui feroit mal féant à d'autres, mais qu'il avoit lieu d'efperer que
fe prefentant á la faveur de ma meilleure amie fa vifite ne pourroit m'être
qu'agréable.

Angelique. Il paffe pour avoir de l'e-
fprit, & on peut dire que fes grands
voyages accompagnez de beaucoup
d'experiences, ont ajoûté á fes avantages naturels toute la perfection qui
lui manquoit.

Agnés. Je ne fai point ce que tu lui
as dit de moi, mais je trouve qu'il s'a-
vançoit beaucoup pour une premiere
vifite; il tourna la converfation fur
l'aufterité des Maifons Religieufes, &
tâcha a me perfuader par une infinité

de

de raisons, de ne point suivre le zèle
indiscret de la plûpart, traitant de ri-
dicules toutes celles qui mettoient sot-
tement en usage toutes sortes de mortifications. Il me fit rire par le récit
naïf de ce qui lui étoit arrivé en Italie
avec une Religieuse de S. Benoît, de
l'adresse dont il se servit pour la voir
aussi souvent qu'il souhaitoit, & comme enfin il en reçût les faveurs qui devoient être le fruit de ses assiduitez. Il
m'assura que devant cette habitude il
avoit toujours crû qu'il n'y avoit que
chez les Religieuses que la chasteté re-
fugiée se conservoit, & qu'il s'étoit
toujours persuadé que ces ames recluses vivoient dans une continence aussi
parfaite que celle des Anges mais qu'il
avoit bien reconnu le contraire, & que
comme rien de parfait ne se gâte me-
diocrement; & qu'une chose conserve
dans sa corruption le même degré qu'elle avoit en sa bonté, il avoit remarqué
qu'il n'y avoit rien de plus dissolu que
toutes les Recluses & Bigottes lors qu'elles trouvoient l'occasion de se divertir.
Il me montra un certain instrument de
Verre qu'il avoit reçu de celle dont je

j'ai

t'ai parlé, & m'affeura qu'il avoit apris
d'elle qu'il y en avoit plus de cinquan-
te de la forte dans leur maifon, & que
tou'es depuis l'Abbeffe jufques á la derniere profeffe, le manioient plus fouvent que leur chapelets

Angelique. Voilá qui eft bien, mais
tu ne me dis rien pour ce qui te regarde?

Agnés. Que veux tu que je te die?
C'eft l'homme du monde le plus badin,
à la feconde vifite qu'il me fit je ne pûs
me difpenfer de lui accorder quelque
grace, il oppofa à toutes mes raifons
une morale fi forte, & fi artificieufe
qu'il rendit tout mes efforts inutiles, il
me fit voir trois lettres de nôtre Abbeffe, qui m'affuroient que quelque chofe
que je fiffe, je ne pouvois marcher que
fur fes pas.   Elle a paffé des nuits entieres avec lui, & ne le traite dans fes
billets que d'Abbé de Beau-lieu ; je lui
reprefentai que la grille étoit un obfta-
cle infurmontable, & qu'il falloit de
neceffité qu'il fe contentât de legeres
badineries, puis qu'il étoit impoffible
d'aller plus avant.   Mais il me fit bien
connoître qu'il étoit plus favant que
moi,

moi, & me fit voir deux planches qui
se levoient, une de son côté, & l'autre du mien, & qui donnoient passage
suffisant pour une personne : il me dit
que c'étoit par son conseil que Madame avoit fait disposer cela de la sorte,
qu'elle l'avoit nommé *le Détroit de Gi-*
braltar, & qu'elle lui disoit un jour,
qu'il ne falloit pas s'hazarder de le passer, sans être bien muni de toutes les
choses necessaires, particulierement si on
avoit dessein de s'arréter aux Colomnes
d'Hercule. Après donc plusieurs con-
testations de part & d'autre, l'Abbé
passa le Détroit, & arriva au port où
il fut reçû, mais ce ne fut pas sans peine, & seulement après qu'il m'eut assurée, qne son entrée n'auroit point de
mauvaises suites ; je lui permis autant
de sejour qu'il en falloit pour le rendre
haureux, c'étoit le septième du mois
d'Août, qui étoit un jour que Madame
avoit coutume d'employer dans des
grandes ceremonies, mais que son indisposition l'avoit obligée à remettre
jusques au mois prochain ce qu'elle ob-
servoit ordinairement dans celui-ci. Il
me dit qu'elle avoit crée la seconde an-
C 7

née

née qu'elle fut Abbeſſe un ordre de Chevallerie, qui n'étoit compoſé que de Prêtres, de Moines, d'Abbez, de Religieux, & de perſonnes Eccleſiaſtiques. Que ceux qui y étoient admis, faiſoient ſerment de garder le ſecret de l'Ordre & s'appelloient *les Chevaliers de la Grille* ou *de St. Laurent*, que le Collier qui leur étoit donné le jour de leur reception étoit compoſé des chiffres de Madame entre laſſez dans des lacs d'amour, & qu'au bas pendoit une Medaille d'or repreſentant le Patron de l'Ordre couché tout nû ſur un gril, au millieu des flâmes avec ce. paroles, *Ardorem craticula fovet*, c'eſt-à-dire, *Le Gril augmente mes feux*. Il me montra le Collier qu'il avoit reçû, & après quelques preſens qu'il me fit de livres curieux, nous nous ſeparâmes l'un & l'autre juſques à une nouvelle entrevuë.

Angelique. Tu ne m'as rien apris de nouveau, touchant l'Ordre etabli par Madame; Mr. l'Evêque de * * en eſt le premier Chevalier, l'Abbé de Beaumont le ſecond, l'Abbé Du Prat le troiſième, le Prieur de Pompiere, le quatrième ; voilà les principaux, & les premiers en date ; ils sont suivis de Jesuites, de Jacobins, Augustins, Carmes, Feüillants, Peres de l'Oratoire, & du Provincial des Cordeliers. Tellement qu'à la derniere promotion qui se fit l'an passé, le nombre étoit de vingt-deux. Mais il est à remarquer qu'il y a beaucoup de difference entre eux, & qu'ils ne peuvent joüir tous de pareils privileges ; il y en a qui s'appellent *les Cordons Bleus* & ce sont ceux qui sont tout puissans, qui ont le secret de l'Ordre, & qui disposent des affaires de Madame, comme Madame conduit les leurs. Pour ce qui est des autres, leur pouvoir est limité, il a des bornes qu'ils ne peuvent pas passer. Et il n'ont gueres plus d'avantage que les aspirants, jusques à ce que par leur zéle, leur prudence, & leur discretion, ils se soient rendus dignes d'être de la grande profession.. De tous les Moines, les seuls Capucins en sont exclus, parce que cette barbe qui les déguisent tant, les a rendus odieux à nôtre Abbesse, qui dit qu'elle ne peut s'imaginer qu'une personne du sexe, puisse vouloir du bien.

bien à ces Satires. Mais à propos dis-
moi des nouvelles du Pere Vital de Cha-
renton ?

Agnes. Je n'aurois jamais crû aussi
bien que Madame, qu'un Capucin eût
été capable d'une galanterie, si celui-là
ne m'en eut persuadé par sa conduite.
Il me vint voir trois jours après nôtre
Abbé, nous allâmes dans le parloir de
S. Augustin, & ce fut là où il me de-
bita plus de fleurettes, que je n'en aurois pu attendre d'un Courtisan de profession, il parla au reste si hardiment
que j'avois honte d'entendre sortir de
la bouche d'un homme dont l'habit &
la barbe ne prêchoient que la penitence, des paroles au commencement peu
libres, mais dans la fin les plus disso-
luës que le plus grand débauché puisse
mettre en usage. Je ne pus m'empêcher de lui en marquer mon étonne-
ment & de lui faire connoître qu'il
y avoit de l'excès dans ses transports.
Ce qui fit qu'il y apporta un peu de
moderation. Il m'a rendu trois visites,
pendant ta retraite, & à la derniere il
obtint peu de chose de moi, parce que
le

le Parloir où nous étions, n'avoit pas les commoditez de l'autre Je te dirai seulement qu'il m'apprêta bien de quoi rire, en ce qu'ayant par ses efforts ébranlé une barre de fer de la grille, & croyant s'être fait un chemin assez large pour y passer, il s'y hazarda malgré moi, mais il n'en pût venir à bout, d'autant qu'ayant passé la teste & une des épaules avec bien de la difficulté ; son Capuchon s'accrocha à une des pointes du dehors, tellement qu'il avoit beau se remuër, il ne pouvoit se débarasser de ce piege. Je ne pouvois le contempler dans cette posture sans éclater de rire, je le fis promptement repasser de son côté, & lui fit remettre la grille dans son premier état. Il me donna trois ou quatres livres dont il m'avoit parlé dans sa premiere visite, & se retira mal satisfait de son avanture.

Angelique. Je suis fachée de ce desordre, car sans doute cela l'aura rebuté.

Agnès. Rebuté bon Dieu ! vraiment c'est bien un homme à se rebuter, il n'y a rien de plus effronté que lui,

oh

oh qu'il fera ici devant la fin de la femaine, il m'a promis le *Recueil des Amours fecretes de Robert d'Abriffel*, il m'en commença l'hiftoire , mais je la croi fauffe , & controuvée à plaifir.

Angelique. Tu te trompe, il n'y a rien de plus veritable , & plufieurs graves Auteurs écrivent qu'il avoit coûtume de coucher avec fes Religieufes afin de les éprouver, & de remarquer en même tems dans fa perfonne, jufques où pouvoient aller les forces de la vertu, qui combat les tentations de la Chair : il croyoit beaucoup meriter par là ; & c'eft ce qui a donné lieu à Godefroy de Vandôme, de traiter cette devotion de plaifante & de ridicule, dans une lettre qu'il écrit à S. Bernard, & d'appeller cette ferveur, un nouveau genre de martyre: cela a empêché jufques à prefent que cet homme n'ait été mis au rang des Saints par la Cour de Rome, on le traite neanmoins de Bien-heureux.

Agnés. Il faut avoüer qu'il y a bien des abus qui fe pratiquent dans nôtre

Religion, & je ne suis plus surprise de
ce que tant de peuples s'en sont sepa-
rez, pour s'attacher litteralement aux
Ecritures. Le Pere Feuïllant que je
vis pendant ta retraite me fit remarquer visiblement, tous les endroits défectueux du gouvernement present,
pour ce qui regarde la Religion : C'est
un homme qui pour sa jeunesse (car il
n'a que vingt-six ans) possede toutes
les sciences qui peuvent rendre une personne accomplie, de quelque caractere
qu'elle soit : il parle universellement de
toutes choses, mais avec un air déga-
gé & qui n'a rien de pedantesque.

Angelique. Je voi bien qu'il te plût,
il est bien fait & beau garçon, pour
moi je ne l'appellois que mon *Grand
Blanc*, en quel Parloir le vis-tu ?

Agnés. Je l'ai vu deux fois, la premiere ce fut dans le Parloir de S. Jo-
seph, & la derniere dans celui de Madame.

Angelique. Bon bon, c'est-à-dire
qu'il passa *le Detroit* ? il le meritai bien,
& il y a plaisir à lui voir faire son personnage.

Agnés. Il me donna deux petites Fio-
les

les d'essences qui ont une odeur merveilleuse, il étoit parfumé depuis les
pieds jusques á la téte, & avec un vermeil si animé, que je le soupçonnai
d'abord de s'être servi du petit Pot,
mais je reconnus le contraire dans la
suite, & vis que le rouge ne procedoit
que de l'ardeur de sa passion, & de ce
qu'il avoit le poil fraîchement fait. Son
entretien & ses badineries me plûrent
infiniment, & je n'eus pas de peine à
lui accorder le passage que j'avois tant
disputé á nôtre Abbé. Je lui represen-
tai seulement, qu'il y avoit sujet de
craindre que les sottises que nous fai-
sions tous deux, ne fussent suivies d'une
troisième : je vous entens, reprit-il,
il tira en même tems un petit livre de
sa poche qu'il me donna, il avoit pour
titre, *Remedes doux & faciles, contre
l'Embonpoint dangereux*, il me dit, qu'il
m'apprendroit ce que j'aurois à faire dans
une pareille occasion, il me mit dans la
bouche un morceau de conserve, que je
ne trouvois point de mauvais goût, je ne
sai pas si elle renfermoit quelque vertu
secrete, mais aussi tôt il se mit en état
d'arriver aux colomnes d'Hercule.

Au-

Angelique. C'eſt à dire que le Grand Blanc gagna ton cœur?

Agnés. Aſſurement qu'il le partagea avec l'Abbé, je ne puis te dire à qui je pourrois donner la preference: une ſeule choſe me choqua dans le Feüillant, c'eſt que lui ayant vû au col un Reliquaire de vermeil dorée, qu'il portoit ſur ſon cœur, j'eus la curioſité de l'ouvrir, mais je fus bien ſurpriſe de ne trouver rien autre choſe que des Cheveux, & du poil de differentes couleurs, diviſez dans des compartimens figurez & très-bien faits Il m'avoüa que c'étoit-là des faveurs de toutes ſes Maîtreſſes, & me pria de favoriſer auſſi ſa devotion, & que le plus bel endroit ſerviroit à placer ce que je lui ferois la grace de lui accorder! que veux-tu, je le fatisfis? J'oubliois à te dire qu'il y avoit en caractteres d'or, cette inſcription au milieu d'un criſtal qui couvroit toute cette belle marchandiſe, *Reliques de Sainte Barbe.* Sur le deſſus du Reliquaire, on voyoit gravé un Cupidon dans un Trône, & le Quidam proſterné à ſes pieds, avec ces paroles que j'ai bien retenuës quoi qu'elles

ſoient

foient latines, AVE, LEX, JUS, A.
MOR. Je le blâmai de cette irreve-
rence, que je traitai d'impieté, mais
il ne fit que d'en rire, & dit qu'il ne
pouvoit refufer ces cultes, à celles qui
meritoient toutes fortes d'adorations;
& que fi je favois déchifrer fept autres
lettres qui étoient de l'autre côté, je
ferois bien plus d'exclamations. En
effet, aiant regardé, je vis les fept
lettres fuivantes, A. C. D. E. D. L.
G. il ne voulut jamais m'en donner
l'intelligence, quelque inftance que je
puiffe faire, je fis femblant d'en être
fâchée, mais il s'apperçût bien que
je ne lui voulois pas grand mal, c'eft
pourquoi il m'embraffa de nouveau,
& nous prîmes congé l'un de l'autre.

Angelique. Je fuis ravie ma chere enfant que toutes chofes foient allez felon
mes fouhaits, ce n'eft qu'un échantillon de ce que je veus faire pour toi.
Et je te ménagerai la connoiffance d'un
Jefuite, à qui fans doute tu donneras
le prix, & tu avoüeras qu'il aura emporté l'avantage fur tous les autres.
Mais il eft jaloux de fes habitudes jufques

ques à l'excès, c'est l'unique defaut que tu pourras trouver en lui, au reste, bel homme, galant, beau parleur, & qui n'ignore rien de ce qui peut venir à la connoiſſance d'une perſonne.

Agnés. Cette imperfection eſt aſſez grande, pour que je ne puiſſe pas m'accommoder avec lui.

Angelique. Eh pourquoi? tu auras bien de la peine à trouver un homme qui aime veritablement, & qui ne ſoit pas jaloux. Je me ſouviens d'avoir connu un Benedictin, qui croyoit que toutes les Religieuſes de ſaint Benoît, ne pouvoient en voir d'un autre Ordre ſans injuſtice, & qu'elles déroboient à lui & à ſes Confreres, toutes les faveurs qu'elles accordoient aux Capucins; & voici comme il raiſonnoit. On ne peut pas douter que les hommes qui ſont en Religion ne ſoient ſujets aux mêmes paſſions & mouvemens, que ceux qui ſont dans le Monde. C'eſt dans cette vûë, diſoit il, que les Fondateurs des Ordres, qui étoient fort éclairez, n'on point élevé des Cloître pour ceux de leur ſexe, qu'ils n'en

ayent

ayent en même tems bâti pour les filles, afin que sans avoir recours aux é-
trangers, ils pussent les uns & les autres se soulager de tems en tems, de
la rigueur de leurs vœux. Dans les
commencemens cela se pratiquoit selon l'intention des Instituteurs, ce
qui faisoit qu'il n'y avoit aucun scan-
dale, mais à present ces lieux se sen-
tent de la corruption generale, on
voit sans peine le Bernardin avec la
Jacobine, le Cordelier avec la Bene-
dictine & de cette confusion horrible, il ne peut naître que des Mons-
tres.

Agnés. Cette pensée étoit assez plaisante.

Angelique. Helas! s'écrioit-il, que
diroient tous cet Saints Fondateurs à
la vûë de tant d'adulteres, s'ils reve-
noient sur la terre? que de foudres,
que d'anathemes ils fulmineroient contre leurs propres Enfans! Saint François ne renvoyeroit-il pas les Capucins,
aux Capucines, les Cordeliers, aux
Cordelieres: saint Dominique, saint
Bernard, & tous les autres ne remet-
troient-ils pas tous ces dévoyez dans le
pre-

premier chemin de leurs Regles, & de leurs conſtitutions. C'eſt à dire les Jacobins, aux Jacobines, les Feüillants aux Feüillantines. Mais que deviendroient les Jeſuites, & les Chartreux, lui dis-je, car ſaint Ignace, ni ſaint Bruno n'ont point dreſſé de Regles pour le ſexe. Oh que cet Eſpagnol, reprit-il, y a bien pourvû, il a fait cela exprès, afins qu'il euſſent lieu d'aller impunement par tout; outre que ſuivant ſa fantaiſie qui étoit un peu Péderaſte, il les a mis dans les emplois, où ils trouvent parmi la jeuneſſe des momens de ſatisfaction qu'ils preferent à tous les divertiſſemens des autres.

Pour les Chartreux, continua t-il, comme la retraite leur eſt étroitement ordonnée, ils cherchent dans eux mêmes, le plaiſir qu'ils ne peuvent pas aller prendre chez les autres, & par une guerre vive & animée, ils viennent à bout des plus rudes tentations de la Chair. Ils reïterent le combat tant que leur ennemi leur fait de la reſiſtance, ils y employent toute leur vigueur & nomment ces ſortes d'expeditions, *La guerre de cinq contre un.* Eh bien le

Diſci-

Difciple de faint Benoît ne parloit il pas favamment ?

Agnés. Affurement, j'aurois pris plaifir á l'entendre.

Angelique. Il n'y a rien de plus certain, que fi cela fe pratiquoit, & que fi dans le defordre même, on fuivoit quelque reglement, que tout en iroit mieux. Il y a un an qu'une jeune Religieufe n'auroit pas été fi mal-heureufe comme elle a été depuis, fi elle eût fait avec le Provincial de fon Ordre, ce qu'elle fit avec celui d'un autre. Tu as peut-être entendu parler de la Sœur Cecile, & du Pere Raymond ?

Agnés. Non, apprend moi ce que tu en fais ?

Angelique. La Sœur Cicile eft une Religieufe de l'Ordre de faint Auguftin, & le Pere Raymond étoit pour lors Provincial des Jacobins, je ne te dirai point de quelle maniere il s'infinua dans l'eprit de cette innocente, qui avoit été inacceffible á tout autre auparavant, mais tu fauras feulement qu'il fe l'aquit tellement, que jamais amitié n'a été plus étroite, & ils ne pouvoient être

un moment fans fe voir, ou fans recevoir des nouvelles l'un de l'autre. On
s'apperçût dans la Communauté de cet
engagement, & le Provincial Auguftin,
qui gouvernoit cette maifon, en ayant
eu avis, fut au defefpoir, parce que
jamais il n'avoit pû rien faire auprès
d'elle, quoi qu'il eût tâché par toutes
fortes de moyens de la corrompre.
C'étoit la plus belle de ce monaftere.
Etant ainfi choqué au vif, il écrivit à
la Superieure, & lui donna ordre d'a-
voir les yeux fur les comportemens de
Cecile: il fut facile à cette gardienne
de découvrir bien-tôt quelques fottifes,
parce que perfonne ne ce tenoit fur fes
gardes, ce n'étoit neanmoins que des
badineries; mais c'en êtoit toûjours affez pour donner lieu à un jaloux, qui
avoit le pouvoir en main, de mal-trai-
ter une pauvre Religieufe. Il n'en
forma pourtant pas le deffein, mais
fe propofa de fe fervir de cette occafion, pour avoir d'elle, ce qu'il n'en
avoit pû obtenir auparavant. Il lui é-
crivit à elle-même afin de ne point é-
clater, & lui défendit la grille jufques

 à fon

à fon arrivée, il étoit éloigné de vingt lieuës.

Agnès. Mais pouvoit-on produire des preuves contre elle, qu'elle eut fait quelque chofe de notable?

Angelique. Oh qu'on fait bien le moyen d'en trouver, n'en fut-il point, quand on a deffein de perdre une perfonne. Mais tout le mal ne vint que de ce qu'elle fut mal confeillée. Le Provincial étant donc arrivé, lui dit que c'étoit fur les informations qu'il avoit euës de fa mauvaife conduite, qu'il s'étoit tranfporté fur les lieux, que c'étoit une chofe honteufe, qu'une jeune Religieufe comme elle, s'abandonnât à des actions qui ne pouvoient être nommées pour leur infamie, & qu'il avoit bien du déplaifir de fe voir obligé à en faire une punition exemplaire. Cecile qui n'étoit coupable devant les hommes, que de quelques badineries, comme regards & attouchemens, dit qu'il étoit vrai qu'elle avoit vû fort fouvent le Pere Raymond dont on lui parloit, mais qu'elle favoit auffi qu'elle n'avoit rien fait avec lui, qui meritât une notable reprehenfion; qu'elle lui avoit don-

donné son congé, aussi-tôt qu'elle en
avoit reçû les ordres, & qu'elle avoit
fait voir par là qu'il n'y avoit rien de
fort étroit dans cet engagement. Le
Provincial pour arriver à son but, changeant de discours, lui parla dans des
termes plus doux qu'auparavant, &
lui representa que si il lui arrivoit quelque mortification elle en seroit elle même la cause, qu'elle pouvoit remedier
au desordre qu'elle avoit causé, & qu'il
lui étoit très-facile de se parer des cor-
rections rigoureuses qui ne pouvoient
lui manquer, si elle ne se servoit des
avantages qu'elle possedoit. Il la prit
en même tems par la main, qu'il lui
serra amoureusement, en la regar-
dent avec un soûris qui devoit lui
faire connoître la disposition du cœur
de son Juge.

Agnès. Ne se servit-elle pas de ce
qu'elle pouvoit avoir d'engageant, pour
se tirer du danger où elle étoit?

Angelique. Non, elle prit une conduite toute opposée à celle qu'elle devoit suivre, elle s'imagina que c'étoit
pour l'éprouver, que son Provincial
lui parloit de la sorte, & qu'il n'avoit

 point

point d'autre deſſein, que de juger par
ſa foibleſſe, de ce qu'elle avoit été capable de faire avec l'autre. Sur ce
mauvais fondement, elle ne répondit
à celui qui brûloit d'amour pour elle,
que par des froideurs & des paroles
plus qu'indifferentes, qui changerent
le cœur de ce paſſionné, & qui d'un
tendre amant en firent un Juge impla-
cable. Il proceda donc ſelon les for-
mes, à l'inſtruction du procès de Cecile, il reçût les dépoſitions que la ja-
louſie, & la flatterie mirent dans la
bouche de pluſieurs de ſes Compagnes,
& condamna cette pauvre enfant à ê-
tre foüettée juſques au ſang, à jeûner
dix Vendredis au pain & à l'eau, &
à être excluſe du Parloir pendant ſix
mois : tellement qu'on peut dire, qu'elle fut punie pour avoir été trop ſage,
& pour ne s'être pas laiſſée corrompre
à la brutalité de ſon Superieur.

Agnés. Oh Dieu que cela me touche!
je regarde cette pauvre Religieuſe comme une innocente victime, immolée à
la rage d'un furieux, & je ne fais point
de difference entre elle, & les onze
mille Vierges.

An-

Angelique. Tu as raifon, car on dit, que celles-ci furent égorgées pour n'avoir pas voulu fatisfaire la paffion d'un homme, & celle-là n'a été outragée que par la même raifon. Comme il n'y a point d'animal au monde plus luxurieux qu'un Moine, il n'en eft point auffi de plus malin & de plus vindicatif lors qu'on méprife fon ardeur. J'ai lû fur ce fujet une Hiftoire d'un maudit Capucin, dans un livre qui avoit pour titre *le Bouc en chaleur.* Mais à propos dis-moi un peu quels font les livres que tu as reçûs pendant ma retraite? je prétens bien en avoir la lecture?

Agnés. Tres-volontiers, il y en a d'affez plaifans, en voici le Catalogue.

La Chafteté Feconde, Nouvelle Curieufe.

Le Paffe-par-tout des Jefuites, Piece Galante.

La Prifon Eclairée, ou *l'Ouverture du petit Guichet,* le tout en Figures.

Le Journalier des Feüillantines.

Les Proüeffes des Chevaliers de S. Laurent.

Re-

Regles & Statuts de l'Abbaye de Cogne-au fonds.

Recueil des Remedes contre l'Embonpoint dangereux composé pour la commodité des Dames Religieuses de S. George.

L'Extrême - Onction de la Virginité mourante.

L'Orvietan apostolique composé par les quatre Mendians, ex præcepto Sanctissimi.

Le Coupe-Cû des Moines.

Le Passe-tems des Abbez.

La Guerre des Chartreux.

Les Fruits de la Vie unitive, &c.. Je croi si je ne me trompe, que je n'en oublie aucun dans cette Liste, j'ai deja fait la lecture de cinq ou six, qui m'ont infiniment plû.

Angelique. Certes, ils t'ont fait present d'une Bibliotheque toute entiere. Si le dedans repond au dehors comme je n'en doute point, ces livres doivent être fort divertissans. Tu as là dequoi perfectionner ton esprit, & te rendre telle que tu dois être, c'est-à-dire, universelle en toutes sciences, car il en est qui au milieu de beaucoup de lumie-

miere, confervent encore des doutes
qui leur font quelquefois de la peine,
& dont les fuites font fouvent dange-
reufes. Je te veux dire une Hiftoire
fur ce fujet, qui eft arrivée dans l'Abbaye de Chelles.

Agnés. Il faut que vous ayez des
intriguez merveilleufes, pour apprendre tout ce qui fe paffe de plus fe-
cret dans toutes les Monafteres?

Angelique. Tu fauras, que l'Abbeffe
de cette Maifon étant d'un naturel
fort chaud, avoit coûtume de prendre le Bain tous les Etez pendant
quelques femaines. Il étoit dreffé felon l'ordonnance de fon Medecin,
qui pour le faire trouver meilleur pre-
fcrivoit une regle & une methode particuliere à obferver, fans laquelle il
devoit être inutile. Il falloit le foir
de la veille qu'on le devoit prendre,
le preparer entierement, & laiffer re-
pofer l'eau toute la nuit jufques au
lendemain. qu'on pouvoit à certaines
heures fe mettre dedans. Les odeurs,
& les effences n'y étoient point épar-
gnées, on les y repandoit avec pro-
fufion, & tout ce qui pouvoit flatter

D 5

la sensualité de Madame entroit dans sa composition.

Agnès. Ce sont les Medecins, qui par une fausse complaisance entretiennent ainsi le foible des personnes.

Angelique. Quoi qu'il en soit, une jeune Religieuse de la Maison appellée Sœur Scolastique, & de l'âge de dix-huit ans. Voyant tous ces grands preparatifs pour Madame, & s'appercevant que le bain étoit en état dès le soir, forma le dessein, tant pour se soulager de l'incommodité de la saison, que de sa chaleur interieure qui n'étoit pas mediocre, de se servir de l'occasion, & de faire tous les soirs l'épreuve de ce salutaire *Lavabo*. En effet elle n'y manqua pas pendant huit jours, & trouva que cela donnoit du lustre à son embonpoint, & qu'elle en reposoit mieux. Elle sortoit de sa chambre sur les neuf heures, & presque nuë en chemise, s'en alloit dans le lieu où tout étoit disposé ; elle se défaisoit bien-tôt de sa juppe & de sa chemise, & ainsi toute nuë se mettoit dans la Cuve, où elle se nettoyoit

&

& se frottoit de tous côtez, d'où elle sortoit après aussi nette, aussi pure, & aussi belle qu'étoit Eve dans le Paradis Terrestre durant l'état de son innocence.

Agnés. Ne fut - elle point découverte ?

Angelique. Tu l'apprendras presentement. Un soir que Scolastique se rafraîchissoit à l'ordinaire, une ancienne qui n'étoit pas encore endormie, ayant entendu marcher dans le Dortoir , à une heure que selon la coûtume, toutes les Religieuses devoient être retirées , sortit de sa chambre, & après avoir cherché inutilement la personne qu'elle avoit entenduë ; elle entra dans le lieu où l'on prenoit le Bain, où elle y apperçût aussi - tôt , au clair de la Lune, une Religieuse toute nuë, qui s'essuyoit avec une serviette étant prête de reprendre sa chemise. La bonne Vieille pensant que c'étoit l'Abbesse , se retira promptement en demandant excuse de s'être ainsi avancée. Scolastique qui ne répondit rien, connut bien que cette bonne Mere s'étoit trompée, & l'avoit prise pour

une autre. Elle s'en alla, après a-
voir donné le tems à l'autre de fe retirer , & ne penſa plus à y revenir
une autrefois , de crainte d'être découverte.

Agnés. Eſt - ce là où tout ſe ter-
mina?

Angelique. Non. Les Feſſes de la
pauvre Scolaſtique en auroient été bien
aiſes.

Agnés. Comment? cette belle Enfant
reçût elle quelque déplaiſir?

Angelique. La venerable Mere dont
je t'ai parlé, ayant refléchi le matin
ſur ce qu'elle avoit vû le ſoir precedent, crut qu'il étoit à propos d'aller
trouver Madame, & de lui faire des
excuſes particulieres de ce rencontre,
qu'elle auroit pû attribuer à une mau-
vaiſe curioſité. Ce qu'elle fit malheu-
reuſement. Cela ſurprit tout à fait
l'Abbeſſe, & lui fit croire, qu'elle n'a-
voit eu que les reſtes & les égouts de
quelques infirmes de ſa Communauté,
elle en parla le lendemain dans ſon Cha-
pitre, & commanda en vertu de *Sainte Obedience* à celle qui s'étoit miſe dans
le bain de le declarer. Mais pas une

de

de la compagnie ne parla, Scolaſtique n'étoit pas des plus ſcrupuleuſes & avoit de l'eſprit, c'eſt pourquoi elle ſe tût. Ce ſilence general mit l'Abbeſſe au deſeſpoir, elle crie, elle fulmine, elle menace tout le monde, mais inutilement. Enfin par le conſeil d'un Moine, elle pratiqua un plaiſant ſtratagême. Elle fit aſſembler touʹes ſes Religieuſes, & leur repreſenta qu'il y en avoit une d'entre elles, excommuniée, & dans l'état de damnation, pour n'avoir pas relevé ce qui lui avoit été commandé de dire, *en vertu de Sainte Obedience.* Qu'un ſaint & ſavant homme, lui avoit donné un moyen ſûr & infaillible, de la découvrir, mais qu'elle lui permettoit encore de parler, & d'éviter par ce moyen, les rudes penitences qu'elle s'attireroit par ſa deſobeïſſance formelle.

Angelique. Oh Dieu! que dans cet embarras, je crains pour la pauvre Scolaſtique, car tous les conſeils des Moines ſont toûjours pernicieux.

Angelique. Madame, voyant que cette derniere contrainte avoit été ſans effet, elle ſuivit l'avis qui lui avoit été

don-

donné. Elle fit parer une table dans
une chambre, d'un drap mortuaire,
elle fit mettre au milieu un Calice de
la Sacriftie. Cela étant ainfi difpofé,
elle commanda à toutes fes Filles d'entrer l'une après l'aut.e dans ce lieu, &
de toucher avec la main le pied du Va-
fe facré (c'eft ainfi qu'elle parloit) qui
étoit expofé fur la table, que par ce
moyen elle connoîtroit celle qui s'étoit
jufques - là tenuë cachée, parce qu'el·
le n'auroit pas plûtôt mis les doits fur
cette Coupe facrée, que la table tom-
beroit par terre, & découvriroit par
une vertu fecrette d'enhaut, celle qui
feroit la coupable. Cela fe fit fur les
neuf heures du foir & dans l'obfcurité,
elles entrerent donc toutes dans cette
chambre & toucherent le pied du Calice avec la main. Scolaftique fut l'u-
nique qui n'ofa le faire de crainte d'ê-
tre decelée & toucha feulement le ta-
pis. Après quoi elle fe retira avec les
autres dans une feconde chambre qui
étoit auffi fans lumiere, d'où l'Abbeffe les fit venir à foi l'une après l'autre,
quand toute la ceremonie fut faite. Or
il eft à remarquer qu'elle avoit noirci
le

le pied du Calice avec de l'huile & du noir de fumée, tellement qu'il étoit impoffible d'y toucher fans en porter les marques, ayant donc allumé une chandelle, dans la chambre où elle étoit, elle confidera les mains de toutes ces Religieufes, & reconnut que toutes avoient touché la Coupe excepté Scolaftique, qui n'avoit aucune noirceur aux doigts comme les autres de la Communauté : Cela lui fit juger que c'étoit elle qui avoit fait la faute. Cette pauvre innocente fe voyant ainfi trompée par un faux artifice, eut recours aux larmes & aux excufes, & elle en fut quitte pour une couple de Difciplines, qu'elle reçût devant toute la compagnie. Eh bien ! ce fut feulement cet exterieur de Religion dont on fe fervoit avec impieté, qui lui fit peur, & fi elle avoit fait un peu de reflexion fur l'impoffibilité qu'il y avoit de la découvrir par un fi ridicule artifice, elle ne l'auroit pas été.

Agnés. Il eft vrai ; mais l'Abbeffe devoit pardonner à fa beauté, & à fa jeuneffe.

An-

Angelique. Elle le pouvoit, mais elle ne le fit pas, & même j'ai ouï dire, que la premiere discipline qu'elle lui ordonna, dura près d'un quart d'heure , jugé de la en quel état pouvoient être les fesses de cette belle enfant ?

Agnés. Elles étoient sans doute à peu près comme les miennes, lors que je te les fis voir. S'il ne dépendoit que de moi, je condamnerois à de perpétuelles galeres, le maudit Conseiller de l'Abbesse : & si cela m'étoit ainsi arrivé , je dresserois tant d'embûches à ce Moine par le moien de quelques amies du dehors, que je le ferois repentir de son Stratagême.

Angeliique. Crois - tu que si il eût pensé que Scolastique eût dû être châtiée pour cela, qu'il y auroit servi ? Non, il s'imaginoit aussi bien que l'Abbesse, que c'étoit quelque vieille, ou quelque infirme qui avoit été surprise & c'est ce qui faisoit mal au cœur de Madame, de s'être comme elle croyoit, lavée dans les ordures de telles personnes.

Agnés. Pour moi je croi qu'elle fut
sou-

foulagée, quand elle connut que c'toit Scolaftique, qui s'étoit mife dans fon bain, parce qu'on ne fe dégoûte pas d'une jeune fille, propre & bien faite comme tu me la reprefente. La penitence qu'elle reçût me fait penfer à celle de Virginie, & aux enfans du bonnet quarré du Jefuite.

Angelque. Il faut que je t'en fafle voir deux que j'ai dans ma caffette, il y en a un du Pere de Raucourt, & l'autre de Virginie, tien fais la lecture de celui ci.

Agnés. Voici quafi un caractere de fille, tout en paroit negligé.

Ah Dieu, ma chere Enfant, que ce commerce de lettres commence à m'ennuyer! il ne fait qu'augmenter mes feux, & il ne les foulage aucunement. il m'apprend que Virginie me veut du bien, mais il me marque auffi-tôt qu'il m'eft impoffible d'en jouïr. Ah que ce mêlange de douceur & d'amertume caufe d'étranges mouvemens dans un cœur fait comme le mien. J'avois bien ouï dire que l'Amour donnoit quelquefois de l'efprit à ceux qui en étoient dépourvûs, mais je reffens chez moi un effet tout contraire & je puis dire

re

. avec verité qu'il m'ôte ce qu'il preſente aux autres. Pluſieurs s'apperçoivent dē e changement, mais ils en ignorent la auſe. Je prêchai hier chez les Religieuſes de la Viſitation, jamais je n'ai été plus animé, je devois conformement à mon ſujet entretenir la Compagnie de la Mortification & de la Penitence, & je n'ai parlé dans tout mon Diſcours que d'Affeſtions que de Tendreſſes, que de ſaillies & de Tranſports. C'eſt vous, Virginie, qui cauſez tout ce deſordre, prenez donc compaſſion de mon égarement, & travaillez à trouver promptement le moyen de me remettre dans mon bon ſens. Adieu.

Angelique. Eh bien Agnès que dis-tu de cet Enfant fait à la hâte.

Agnès. Je le trouve digne de ſon Pere, & capable tout nud qu'il eſt d'habit & d'ornement, de ſe conſerver non ſeulement un Cœur qu'il poſſede, mais même d'y exciter de nouveaux mouvemens.

Angelique. Tu as raiſon, car en Amour le ſtile le plus negligé eſt toujours le plus perſuaſif, & ſouvent toute l'éloquence d'un Orateur, ne

peur

pourroit faire naître dans une ame cɛs doux tranſports , qui ne ſont que les effets d'un terme peu relevé , mais expreſſif. C'eſt une verité dont je puis rendre témoignage , puiſque je l'ai éprouvé pluſieurs fois dans moi-même. Mais voyons un peu ſi Virginie s'exprime auſſi bien que ſon Amant.

Agnés. Donnes-moi la lettre que j'en faſſe la lecture.

Angelique. Tien la voilà , c'eſt plûtôt un billet qu'une lettre , car le tout n'eſt compoſé que de cinq ou ſix lignes.

Agnés. Son caractere n'eſt gueres different du mien.

Ah que vous étes artificieux dans vos paroles, & que vous ſavez bien troubler le peu de repos qui reſte à une innocente qui vous aime ? pouvez - vous avec raiſon me demander ſi je penſe à vous? Helas, mon cher , conſultez - vous vous-mêmes , & croyez que nous ne pouvons tous deux être animez d'une même paſſion, ſans reſſentir de pareilles atteintes. Adieu, ſongez à la rupture de nos chaîne⁚, l'Amour me rend capable de

tou-

toute entreprise, Ah qu'il me cause de foibleffe ! Adieu.

Angelique. N'eft-il pas vrai, que tu trouves ce billet bien plus tendre que la lettre?

Agnés. Affurement. On peut dire qu'il eft tout cœur, & que deux ou trois periodes expriment autant la difpofition de l'ame d'une Amante, que le feroient deux pages d'un Roman. Mais je ne vois pas que ce foit une réponfe à celle que nous avons luë du Pere de Raucourt.

Angelique. Non, ce n'en eft pas une, c'eft celle d'une autre qu'on ne m'a pas envoyée.

Agnés. Le malheur de ces deux pauvres Amans me touche ; fur tout je porte une extreme compaffion aux déplaifirs de Virginie, car fans doute elle paffe le tems à prefent dans beaucoup de chagrin, & mene une vie bien ennuyeufe.

Angelique. Si elle n'eût point confervé les lettres & les billets qui lui étoient adreffez, elle ne feroit pas fi malheureufe, car on n'auroit pas dé-
cou-

couvert le deſſein qu'elle avoit de ſortir du Monaſtere.

Agnes. C'eſt donc ſans doute de cela qu'elle parle, quand elle dit dans
ſon billet *penſez à la rupture de nos
chaînes*, je n'aurois pas donné le veritable ſens à ces paroles ; Oh qu'elle
auroit été malheureuſe, la pauvre Enfant, ſi elle eut fait cette méchante
démarche ! helas dequoi l'Amour n'eſt-
il point capable, quand il ſe voit com-
battu ?

Angelique. Si-tôt que le Recteur
des Jeſuites eut appris ce qui ſe paſſoit, par la lettre qu'il trouva dans le
Bonnet, il en donna avis à la Superieure, qui alla auſſi-tôt avec ſon Aſſiſtante viſiter la chambre de Virginie, où elle trouva dans la caſſet-
te une infinité de Billets & d'autres
bagatelles, qui lui firent connoître
la verité de ce qu'elle n'auroit pû
croire ſi elle ne l'avoit vû, comme
elle aimoit beaucoup Virginie elle ne
fit paroître dans ces procedures, que
ce qu'elle ne pût cacher, & modera
le châtiment que les Conſtitutions pre-
ſcrivoient.

Ag-

Agnés. Le Jesuite a été plus heureux, puis qu'il en a été quitte pour changer de Province.

Angelique. Oh que ces affaires ne se font pas passées si doucement que tu t'imagine, il est à present hors de la Compagnie. Tu sauras que comme dans la Societé tout roule & n'est établi que sur l'estime & la reputation, il est impossible à un homme d'honneur d'y rester après qu'il l'a perdu par quelque accident, dans l'esprit de ses Confreres, ces deux choses qui flâtent si agreablement l'ambition des hommes. Le Pere de Raucourt se voyant donc déchû par le malheur que tu sais, de ce degré de gloire qu'il s'étoit aquis par ses merites, & où y s'étoit toûjours conservé par sa prudence, fit peu de cas de l'indulgence que ses Superieurs lui offroient, & ne pensa plus qu'à les abandonner, ce qu'il a fait depuis quelque tems & s'est retiré en Angleterre.

Agnés. Mais que peut faire dans un païs étranger un homme qui n'a

point

point d'autres bien que la science, & qui n'a que la Philosophie pour partage ?

Angelique. Ce qu'il peut faire ? il peut par son esprit se rendre plus utile à la Republique, si elle le veut employer, que tous les Artisans qui la composent. Il peut par ses Ecrits donner de la vigueur aux Loix les plus opposées à l'inclination du peuple, il peut porter la gloire d'une Nation dans les lieux les plus éloignez. Enfin il est peu d'emploi qu'il ne puisse dignement remplir, & dont l'Etat ne puisse tirer de grands fruits. Comme ce que je dis n'est pas hors de raison, il n'est pas aussi sans exemple, & j'ai appris d'un Dominicain, qu'un mécontent de leur Ordre étoit à la Cour de ce Royaume où de Raucourt s'est retiré, & qu'il y faisoit très-belle figure, en qualité de Resident ou d'Envoyé d'un Prince d'Allemagne.

Agrés. Sans doute qu'il auroit conduit Virginie dans ce païs, s'ils fussent venus à bout de leurs desseins.

He-

Helas qu'il y auroit peu de Reclus
& de Recluses, si on donnoit le tems
à ceux & à celles qui entrent dans
les Cloîtres, de reflechir sur les avantages d'une honnête libérté, & sur
les suites fâcheuses d'un funeste engagement?

Angelique. Pourquoi parles tu de
la sorte ? ne pouvons-nous pas goûter des plaisirs aussi parfaits dans l'en-
ceinte de nos murailles, comme ceux
qui sont au dehors ? les obstacles qui
s'y opposent ne servent qu'à les rendre de meilleur goût, quand après
les avoir adroitement surmontez nous
possedons ce que nous avons desiré :
Ce seroit être, & malin, & in-
grat que de censurer les divertisse-
mens des Moines & Moinesses, car
je dirois à ces gens-là, n'est il pas
vrai que la continence est un don de
Dieu, duquel il gratifie qui il lui plaît
& dont il ne fait pas largesse à ceux
qu'il n'en veut pas honorer. Cela sup-
posé, il ne fera rendre compte de
ce present qu'à ceux à qui il l'aura
donné.

Ag-

Agnés. Je conçois bien la force de cette raison, mais on pouroit dire que les vœux par lesquels nous nous y engageons solemnellement nous en rendent reponsables devant lui.

Angelique. Et ne vois tu pas bien que ces Vœux là, que tu fais entre les mains des hommes, ne font que des chanfons ? Peut tu avec raifon t'obliger à donner ce que tu n'as pas ? & ce que tu ne peux avoir, s'il ne plaît à celui à qui tu l'offre de te l'accorder ? juges de-là de la nature de nos engagemens, & fi à la rigueur nous fommes tenuës felon Dieu, à l'effet de nos promefles, puis qu'elles renferment en elles une impoffibilité morale. Tu ne peux rien dire qui détruife ce raifonnement ?

Agnés. Il eft vrai & c'eft ce qui doit nous mettre l'efprit en repos ?

Angelique. Pour moi, je te puis dire que rien ne me chagrine, je paffe le tems dans une égalité d'efprit qui me rend infenfible aux peines qui fatiguent les autres. Je vois tout, j'écoute tout, mais peu de chofes font capables de m'émouvoir, & si mon repos n'est troublé par quelque indisposition corporelle, il n'y a personne qui puisse vivre avec plus de tranquillité que moi.

Agnés. Mais dans une conduite si opposée à celle des autres Cloîtres que pensez-vous de la disposition de leur ame, & ces actions qui sont suivies comme ils prêchent, de tant de merites ne vous tentent-elles point par l'esperance qu'elles proposent. On pourroit nous dire, que le libertinage est souvant capable de nous fournir des raisons pour nous perdre. Car qu'y a t-il de plus saint que la meditation des choses celestes, à laquelle ils s'employent? qu'y a-t-il de plus loüable que cette haute pieté qu'ils mettent en pratique, & les jeunes & les austeritez dont ils se mortifient peuvent-elles passer pour des œuvres infructueuses?

Angelique. Ah! mon Enfant, que ces objections sont foibles. Il faut que tu sache qu'il y a bien de la difference entre la licence, & la liber-

té,

té, dans mes actions je me tiens souvent sur la pente de celle-ci, mais je ne me laisse jamais tomber dans le desordre de celle-là. Si je ne donne point de bornes à ma joye & à mes plaisirs, c'est parce qu'ils sont innocens & qu'ils ne blessent jamais par leur excés les choses pour lesquelles je dois avoir de la veneration. Mais tu veux bien que je te dise ce que je pense de ces fous melancoliques, dont les manieres te charment? Sais-tu que ce que tu appelles contemplation des choses divines, n'est dans le fonds qu'une lâche oisiveté, incapable de toute action? Que les mouvemens de cette pieté heroïque que tu fais éclater, ne procedent que du desordre d'une raison alterée! & que pour trouver la cause generale qui les fait se déchirer comme des desesperez, il la faut chercher dans les vapeurs d'une humeur noire, ou dans la foiblesse de leur cerveau.

Agnés. Je prens tant de plaisir à entendre tes raisons, que je t'ai proposé tout exprès comme une difficulté ce qui ne me faifoit fouffrir aucun doute ? mais j'entends la cloche qui nous appelle.

Angelique. C'eſt pour aller au Refectoir. Après le dîner nous pourrons continuer nos entretiens.

Fin du Second Entretien.

VENUS

DANS LE CLOÎTRE,

OU LA

RELIGIEUSE

EN CHEMISE.

TROISIEME ENTRETIEN.

Sœur *Agnés.* Sœur *Angelique.*

Agnés. AH que la beauté du jour est agreable! cela me ré-
veille tous les esprits. Retirons-nous toutes deux dans cette allée, afin de nous éloigner de la compagnie des autres.

Angelique. Nous ne pouvions pas trouver dans tout le Jardin un lieu plus propre à la promenade, car les arbres qui l'environnent nous donne-

E 3

ront

ront autant d'ombre , qu'il en faut
pour n'être pas expofées à la chaleur
du Soleil.

Agnés. Il eft vrai : mais il eft à craindre que *Madame* ne vienne pour s'y
recréer , car c'eft ici l'endroit qu'elle
choifit le plut fouvent pour prendre
l'air après le repas.

Angelique. N'apprehendez pas qu'elle nous chaffe d'ici , elle eft à prefent incommodée , & fi tu favois la
caufe de fon indifpofition , tu rirois
trop ?

Agnés. Elle fe portoit pourtant bien
hier ?

Angelique. Affurement ! Le mal ne
lui eft arrivé que cette nuit , & il faut
que tu ayes dormi d'un profond fom-
meil , pour ne t'être pas apperçûë ,
comme par fes cris, elle a mis tout le
Dortoir en allarme ; j'avois deffein
de m'en divertir avec toi quand je t'ai
été trouver ce matin , mais infenfiblement nôtre converfation nous en a é-
loignée.

Agnés. Il eft vrai que je n'apprens
les nouvelles, que quand elles font publiques.

Angelique. Tu fais que *Madame* fait un de ces principaux plaifirs, de nourir toutes fortes d'Animaux, & qu'elle ne fe contente pas d'avoir une infinité d'oifeaux de toutes fortes de païs, qu'elle a encore rendu domeftiques jufques à des Tortuës & des poiffons. Comme elle ne fe cache point de cette folie, & que tous fes amis favent que cette occupation eft le charme de fa folitude, ils s'efforcent tous à contribuer à fon divertiffement en lui faifant prefent tantôt d'une bête, tantôt d'une autre. L'Abbé de Saint Valery ayant appris qu'elle avoit même rendu comme on lui avoit mandé des Carpes & des Brochets familiers. Il lui envoya il y a quatre jours deux Macreufes en vie, & deux groffes Ecreviffes de Mer, pareillement vivantes. Après avoir fait-couper les aîles à ce demi-Canars, elle les fit jetter dans le Vivier, & voulut donner toute fon application a élever les Ecreviffes. Pour cette raifon elle fit apporter dans fa chambre une petite cuvette de bois qu'elle fit remplir d'eau, & où elle mit ces Langouftes, (c'eft ainfi qu'on appelle ces

E 4

ani-

animaux.) J'aurois de la peine à t'exprimer tous les soins qu'elle aportoit pour leur confervation, jufques à leur jetter des douceurs & des piftaches. En fin elle ne vouloit les nourir que des viandes les plus dilicates.

Agnés. Ces fortes de paffe tems font innocens, & fons excufables dans la jeuneffe.

Angelique. Hier au foir par un malheur, Sœur Olinde, qui avoit ordre de changer tous les jours l'eau de la Cuve pour le rafraîchiffement des poiffons, s'en oublia ; c'eft ce qui caufa tout le defordre. Tu fauras que la nuit derniere ayant été fort chaude, une de ces Langouftes qui fe trouvoit incommodée de la chaleur qu'elle reffentoit, fortit de la Cuve, & fe traîna affez long tems par la chambre, jufques à ce que fe voyant fans foulagement, elle rechercha l'eau qu'elle avoit quittée comme fon plus naturel élement. Mais comme il lui avoit été bien plus facile de defcendre que de monter, elle fut obligée de recourir à l'eau du pot de chambre de *Madame*, où fans examiner fi elle étoit douce ou

fal-

falle, elle s'y posta. Quelque tems
après nôtre Abbesse eut envie de pis-
ser, & à demi endormie, & sans sortir du lit elle prit son Urinal: mais helas, elle pensa mourir de frayeur,
cette Ecrevisse qui se sentit arrosée d'u-
ne pluye un peu trop chaude, se lan-
ça vers le lieu d'où elle sembloit par-
tir, & le serra si vivement avec une de
ses pattes, qu'elle y a laissé les marques pour plus de trois jours.

Agnés. Ah, ah, ah, que cette avanture est plaisante!

Angelique. Dans le moment elle fit
un cris qui éveilla toutes ses voisines,
elle jetta le pot de chambre par terre,
& se levant promptement appella tout
le monde à son aide. Cependant cet
animal qui n'avoit jamais trouvé de
morceau si delicat & plus friand, ne
quittoit point sa prise. La Mere assis-
tante & Sœur Cornelie furent les plus
promptes à se lever, elles eurent bien
de la peine à s'empêcher de rire, à la
vuë d'un tel spectacle; mais elles se re-
tinrent neanmoins le mieux qu'elles
pûrent, & furent obligées de couper
la patte de cette bête sacrilege, qui

E 5	n'aban-

n'abandonna point ſa proye juſques à
ce tems là. La Mere Aſſiſtante ſe
retira , & Sœur Cornelie qui eſt la
confidente de Madame, paſſe le reſte
de la nuit avec elle pour la conſoler.
Voilà la cauſe de l'indiſpoſition de nôtre Abbeſſe, & ce qui l'empêchera ap-
parament de venir interrompre nos entretiens.

Agnés. Ah! je n'oſerois paroître, ſi
un ſemblable accident m'étoit arrivé &
qu'il fut venu à la connoiſſance des autres.

Angelique. Vrayment il y a bien là
dequoi être honteuſe. Elle ne fit rien
voir qu'elle n'ait ſouvent montré à d'autres, & les Chevaliers de l'ordre ont
mis pluſieurs fois la main, où l'Ecre-
viſſe porta ſa pate.

Agnés. Qui eſt celui qui eſt ſon meilleur ami ?

Angelique. Je ne ſai pas quel il eſt,
mais je ſai bien qu'un Jeſuite la viſite
fort ſouvent, & qu'il a eu avec elle
des privautez qui font connoître qu'il
eſt des Cordons Bleus. Je l'apperçûs
un jour avec lui , dans un entretien
fort allumé , & une autrefois qu'elle
for-

fortoit d'avec le même perſonnage, je trouvai dans le parloir qu'elle venoit de quitter, une ſerviette fine, humec-tée dans de certains endroits d'une li-queur un peu viſqueuſe, elle l'avoit laiſſée tomber proche de la feneſtre, je remarquai ſeulement que cette perte lui donna un peu d'inquietude.

Agnès. Qu'a t'elle à apprehender, l'Evêque de qui elle dépend unique-ment eſt à ſa diſcretion, & dans la vi-ſite qu'il a faite de ce Monaſtere, il n'a rien ordonné que ce qu'elle lui avoit auparavant preſcrit.

Angelique. Il eſt vrai. Elle eſt maî-treſſe de tout, & les Directeurs & Con-feſſeurs ne ſont reçûs & changez que par ſon ordre.

Agnès. Ah que je ſouhaiterois de tout mon Cœur que le Confeſſeur or-dinaire que nous avons à preſens, lui déplût comme à moi. Qu'en dis-tu ?

Angelique. Il eſt vrai qu'il eſt fort auſtere, & qu'il eſt capable de faire bien de la peine à celles qui ne ſavent pas ſe conduire, mais à nous autres, cela nous doit être bien indifferent,

que

que ce soit lui ou un moins rigoureux
qui nous entende.

Agnès. Pour moi je ne puis lui dire
la moindre peccatille qu'il ne s'emporte. Pour une pensée dont je m'accu-
serai, il m'ordonnera des mortifications
& des penitences horribles & me fera
jeûner deux jours pour le moindre
mouvement de la chair dont je me
confesserai. Outre que je ne sai la plûpart du tems de quoi l'entretenir, de
crainte de lui dire quelque chose qui
le choque. Et je ne puis concevoir
comment tu fais, toi qui le tiens si
long-tems?

Angelique. Eh crois-tu que je suis
si sotte de lui declarer le secret de mon
cœur? bien loin de cela, comme je le
connois tout a fait rigide, je ne lui dis
que les choses sur lesquelles il n'y a
point de prise. Il ne peut conclure
de tout ce qu'il apprend de moi sinon
que je suis une fille d'oraison & de
contemplation, qui ne connoit point
tous les mouvemens d'une Nature
corrompuë, ce qui fait qu'il n'ose
pas même m'interroger sur cette ma-
tiere. La penitence la plus rude que

j'ai

j'ai reçûë, c'eſt cinq *Pater noſter* & les *Litanies.*

Agnés. Mais encore que lui dis-tu donc ? car pour avoir rompu le ſilence, ou raillé une perſonne de la Communauté (ce qui n'eſt rien) il me prônera un quart d'heure ?

Angelique. Toutes ces fautes-là étant deſignées en particulier , avec leurs circonſtances, de legeres elles deviennent quelquefois plus conſiderables ; & c'eſt ce qui te rend ſujette à ſa reprehenſion. Mais tien, voici comme je m'y prens , écoute ma derniere confeſſion. Après lui avoir demandé bien humblement ſa benediction , la veuë baiſſée , les mains jointes, & le corps à demi courbé; je commence de la ſorte :

Mon Pere, je ſuis la plus grande pecghereſſe du monde, & la plus foible des creatures, je tombe preſque toûjours dans les mêmes defauts.

Je m'accuſe d'avoir troublé la tranquilité de mon ame, par des divagations univerſelles, qui m'ont mis l'interieur en deſordre

De n'avoir pas eu aſſez de recueillement

E 7

lement d'esprit , & de m'être trop é-
panchée dans des occupations exterieures.

De m'être trop arrêtée aux operations
de l'entendement , y passant la plûpart
de mon oraison , au préjudice de ma
volonté , qui en est demeurée seche &
sterile.

De m'être une autre fois laissée d'a-
bord lier aux affections , & expo-
sée par là à des distractions fâcheuses,
& à une oisiveté d'esprit , contraire
à la perfection methodique des Contem-
platifs.

D'avoir trop conservé en moi , tout ce
qui étoit de moi, sans dégager mon cœur
de toutes les choses crées , par un acte ge-
nereux d'aneantissement , d'amour propre,
interêts , desirs , & volontez , & de tout
-moi-même.

D'avoir fait une offrande de mon
cœur , sans l'avoir tranquillisé auparavant , & dénué du trouble des passions
trop remuantes , & des affections mal
reglées.

De m'être trop laissée emporter aux
inclinations du vieil homme , & au
penchant de la nature non repurée , au
lieu

lieu de faire divorce avec tout, pour ga-
gner tout.

De n'avoir pas été soigneuse de me
renouveller par une reveuë de moi-mê-
me, en moi-même, & de faire en
moi la reparation de ce qui étoit déchû de
moi, &c.

Eh bien Agnés tu peu juger de la
piece par l'échantillon. Ce n'eſt pas là
le tiers de ma Confeſſion, mais le reſte
ne me rend pas plus criminelle que ce
commencement.

Agnés. Il eſt vrai que je ferois bien
empêchée, ſi je devois ordonner des
penitences, à des pechez ſi ſpirituelle-
ment debitez: C'eſt neanmoins là, l'u-
nique moyen de tromper la curioſité
des jeunes Directeurs, & d'éviter la
reprimande des vieux.

Angelique. Ces derniers ſont ordinairement les moins traitables, car je n'en
ai gueres vû de jeunes depuis que je
ſuis dans la Communauté, qui n'ayent
été aſſez indulgens.

Hgnés. Il eſt vrai, qu'ils n'ont pas
tous les mêmes rigueurs, témoin celui
qui mit la devotion ſi avant dans l'ame
de deux de nos Sœurs, qu'elles s'en
trou-

trouverent fort incommodées neuf mois après ?

Angelique. Ah Dieu ! qu'il a fallu d'adreſſe pour cacher cela comme on a fait , & pour empêcher qu'il ne fût ſû du dehors. L'Evêque même n'en a pas eu de connoiſſance, que lorſqu'on ne pouvoit plus en donner de preuve. Cela me fait ſouvenir d'un Jeſuite Italien qui confeſſant un jour un jeune Gentilhomme françois qui avoit appris la langue du païs , fit une Exclamation ſans y penſer , qui fit paroître ſa foibleſſe. Le penitent s'accuſoit, d'avoir paſſé la nuit avec une fille des premieres maiſons de Rome , & d'en avoir joui ſelon ſes deſirs. Le bon Pere regardant attentivement celui qui lui parloit , qui étoit beau garçon & très-bien fait, s'oublia du lieu qu'il occupoit & s'imaginant être dans une converſation libre , tant il étoit tranſporté ; il demanda au jeune homme , ſi cette fille étoit belle , quel âge elle pouvoit avoir , & combien il l'avoit fait avec elle ? Le François ayant répondu qu'il l'avoit trouvée d'une beauté achevée , qu'elle n'avoit que dix-huit

huit ans, & qu'il l'avoit baifé trois fois. *Ah che gufto Signor* : s'écria-il pour lors affez hautement. C'eft-à-dire, ah que ce plaifir étoit grand !

Agnès. Cette faillie n'étoit pas mal plaifante, & très-capable d'exciter le cœur du penitent à la repentance d'une telle faute.

Angelique. Que veux-tu ? ce font des hommes comme les autres : & j'ai ouï dire à un de mes amis qui étoit dans ces fortes d'emplois, que fouvent un Confeffeur ne s'expoferoit pas tant à l'incontinence en allant au Bordel, comme en entendant ce que les Devotes lui difent à l'oreille.

Agnès. Pour moi, je trouverois ce me femble cette occupation affez divertiffante, pourvû qu'il me fut permis, le faire le choix de mes penitens : je prendrois plaifir à les entendre, & mon imagination feroit vivement frappée, par le recit qu'ils me feroient de leurs fottifes. Ce qui ne pouroit être fans une grande fatisfaction de mon côté.

Angelique. Helas, mon Enfant ! tu

ne

ne fai ce que tu demande, fi une De-
vote donne un peu de plaifir à un Con-
fefleur par le recit ingenu de fes foi-
blefles, il y en a mille qui les fatiguent
par leurs redites, qui les accablent par
leurs fcrupules, & qu'ils tireroient
plus facilement d'un abîme, que de
leurs doutes. Sœur Dofithée a été
plus de trois ans à occuper prefque
toute feule par fes queftions, le Directeur commun de la maifon, il avoit
beau lui reprefenter que ces recherches
curieufes par lefquelles elle gènoit fa
confcience, ne croyant jamais avoir
apporté affez de foin pour s'examiner,
étoient non feulement inutiles, mais
même vicieufes & contraires à la perfection. Il ne pût rien gagner fur
elle, & fut obligé de l'abandonner à
elle même, & de la laiffer dans fon
erreur.

Agnés. Il me femble neanmoins
qu'elle eft à prefent fort raifonnable,
& je me fouviens qu'une fois que nous
fûmes obligées de coucher toutes deux
enfemble. Pendant qu'on élevoit nôtre Dortoir, elle me tint des difcours,
non feulement fort éloignez du fcru-
pu-

pule, mais même que je trouvois en ce tems-là un peu trop libres. Outre mille badineries aufquelles, elle m'excita par le recit de cent Hiftoires les plus lubriques, & les plus lafcives du Monde.

Angelique. Je vois bien, que tu ne fai pas comment elle étoit fortie des tenebres où la fuperftition l'avoit plongée fi avant: fon Confeffeur n'a eû aucune part à fa delivrance. On peut dire que c'eft la Devotion même qui a produit ce changement, & qui d'une fille extremement fcrupuleufe, en a fait une Religieufe tout à fait raifonnable. Je veux te raconter ce que j'en ai appris par fon rapport.

Agnés. Je ne conçois pas cela. Car de dire que la devotion puiffe défaire une perfonne de fes fcupules, c'eft dire, qu'un aveugle eft capable d'en tirer un autre d'un precipice.

Angelique. Ecoute moi feulement, & tu connoîtras que je ne t'avance rien qui ne foit veritable. Sœur Dofithée comme on peut remarquer à fes yeux, eft née d'une complexion la plus tendre & la plus amoureufe du monde.

Cette

Cette pauvre enfant à son entrée en Religion, tomba entre les mains d'une vieil Directeur ignorant au superlatif, & d'autant plus ennemi de nature que son âge le rendoit inhabile à tous les plaisirs qu'elle propose. Reconnoissant donc que le penchant de sa Penitente étoit du côté de la chair, & que les foiblesses dont elle s'accusoit tous les jours en étoient une preuve assurée. Il crût qu'il étoit de son devoir de réformer cette nature qu'il appelloit corrompuë, & qu'il lui étoit permis de s'ériger en second Reparateur. Pour venir à bout de ce dessein, il jetta d'abord dans son ame toutes les semences de scrupules, de doutes, & de peines de conscience qu'il se pût imaginer. Il le fit avec d'autant plus de succès, qu'il y trouva beaucoup de disposition, & que les confessions ingenuës de cette innocente, lui avoient fait connoître l'extreme tendresse où elle étoit pour ce qui regardoit son salut.

Il lui fit donc la peinture du chemin du Ciel avec des couleurs si rudes, qu'elles auroient été capables de rebuter de sa poursuite une personne moins

zelée & moins fervente qu'elle, il ne
lui parloit que de la deftruction de ce
corps qui s'oppofoit à la joüiffance de
l'efprit, & les penitences horribles dont
il l'accabloit, etoient felon lui des moyens abfolument neceffaires, fans lef-
quels il étoit impoffible d'arriver dans
cette celefte Jerufalem.

Dofithée n'étant pas capable de fe
défendre de ces argumens, fe laiffa a-
veuglement conduire par la devotion
indifcrette dont elle devint infatuée ;
la fimple pratique des Commandemens
de Dieu ne paffa plus chez elle pour ê-
tre de grand prix auprès de lui ; il faloit que les œuvres de furerogation l'ac-
compagnaffent, & encore avec tout
cet attirail, elle étoit toûjours dans une
crainte continuelle des peines de l'autre monde dont elle étoit fi fouvent
menacée. Comme il eft impoffible ici
bas de détruire en nous ce qu'on appelle connoifcence , elle n'étoit jamais
en paix avec foi-méme, c'étoit une
guerre fans relache qu'elle faifoit im-
prudemment à fon pauvre corps, &
les combats atroces qu'elle lui livroit,

étoient

étoient rarement suivis de quelque courte tréve.

Agnés. Helas qu'elle étoit à pleindre, & qu'elle m'auroit fait de compaſſion, ſi je l'avois veuë dans cet égarement.

Angelique. Comme ſon naturel amoureux cauſoit ſelon elle, ſes plus grands defauts ; elle ne negligeoit rien de tout ce qui pouvoit éteindre ſes feux les plus innocens les jeûnes, les haires, & les cilices étoient mis en uſage, & le changement d'un Directeur plus raiſonnable que le premier, ne pût apporter la moindre diminution à ſa folie : elle fut quatre ans entiers dans cet état, & y feroit toûjours reſtée ſans un trait de devotion qui l'en tira. Entre les conſeils qu'elle avoit reçûs de ſon ancien Confeſſeur, elle en pratiquoit un avec une regularité ſans égale. C'étoit de recourir à un tableau de ſaint Alexis, miroir de chaſteté, qui étoit à ſon Oratoire, & de s'y proſterner lors qu'elle ſe verroit preſſée de la tentation, on qu'elle reſſentiroit en elle-même ces mouvemens dont elle

le

le s'accuſoit ſi ſouvent. Un jour donc
qu'elle ſe trouva plus émûë qu'à l'ordinaire, & que ſa nature la combat-
toit plus vivement que de coûtume,
elle eut recours à ſon Saint, elle lui
repreſenta les larmes aux yeux, la fa-
ce en terre, & le cœur porté vers le
Ciel l'extreme danger où elle ſe trouvoit, lui raconta avec une candeur &
une ſimplicité merveilleuſe, combien
inutilement elle s'étoit défenduë, & a-
voit fait ſes efforts pour reprimer les
violens tranſports qu'elle reſſentoit.

Elle accompagna ſa priere de penitence & de diſcipline, qu'elle prit en
preſence de ce Bien-heureux pellerin.
Mais comme on rapporte de lui qu'il
ne fut aucunement touché de la beauté de ſa femme la premiere nuit de ſes
nôces, qu'il abandonna; Le beau corps
de cette innocente expoſé nû devant
lui, ne fit aucune impreſſion ſur ſon
eſprit, & les coups dont elle le char-
goit ſi vivement ne le porterent aucunement à en avoir compaſſion. Aprés
s'être ainſi déchirée elle ſe recomman-
da de nouveau à ce bon Romain, &
ſe

fe retira comme victorieufe pour aller vaquer avec tranquillité à des exercices moins fatigans.

Agnés. Ah Dieu! que la fuperftition fait de ravage dans une ame lors qu'elle s'en eft emparée!

Angelique. A peine Dofithée fut-elle fortie de la chambre, qu'elle fe fentit le corps tout en feu, & l'efprit porté à la recherche d'un plaifir qu'elle ne connoiffoit point encore. Un chatoüillement extraordinaire anima tous fes fens, & fon imagination fe rempliffant de mille idées lafcives, laiffa cette pauvre Religieufe à demi vaincuë. Dans ce pitoyable état elle retourne à fon Interceffeur, elle redouble fes prieres, & le conjure par tout ce que la devotion peut avoir de plus fenfible à lui accorder le don de continence, fa ferveur n'en demeura pas là, elle prit encore les inftrumens de penitence en main & s'en fervit pendant un quart d'heure avec une ardeur la plus folle, & la plus indifcrette du monde.

Agnés. Eh bien cela la foulagea-t-il un peu?

An-

Angelique. Helas bien loin de cela, elle se retira de son Oratoire encore plus transportée de l'amour qu'auparavant. Vêpres sonnerent, elle eut beaucoup de peine à y assister tout au long. Des etincelles de feu lui sortoient des yeux & sans savoir ce qu'elle souffroit j'admirois son instabilité, & comme elle étoit dans un mouvement continuel.

Agnés. Mais d'où provenoit cela?

Angelique. Cela étoit causé par l'ardeur extreme qu'elle ressentoit par tout le corps, & sur tout aux parties où elle s'étoit disciplinée. Car il faut que tu sache que bien loin que ces sortes d'exercices eussent été capables d'éteindre les flames qui la consumoient, au contraire ils les avoient augmentées de plus en plus, & avoient reduit cette pauvre Enfant dans un état à ne pouvoir quasi plus y resister. Cela est facile à concevoir, d'autant que les coups de foüet qu'elle s'étoit donnez sur le Derriere, ayant excité la chaleur dans tout le voisinage, y avoient porté les esprits les plus purs & les plus subtils du sang, qui pour trouver une issuë

F

con-

conforme à leur nature toute de feu, aiguillonnoient vivement les endroits où ils étoient aſſemblez, comme pour y faire quelque ouverture.

Agnès. Le combat dura-t-il long-tems?

Angelique. Il commença & fut terminé dans une journée, ſi-tôt que vépres furent achevées comme ſi Doſithée n'avoit pas pû s'adreſſer directement à Dieu, elle s'en alla ſe proſterner, derechef devant ſon Oratoire elle prie, elle pleure, elle gemit, mais toûjours inutilement. Elle ſe ſent plus preſſée que jamais, & pour inſulter de nouveau à cette nature opiniâtre elle prend le foüet en main & relevant ſes jupes & ſa chemiſe juſqu'au nombril, & l'attachant d'une ceinture, elle outrage avec violence ſes feſſes, & cette partie qui lui cauſoit tant de peine, qui étoient toutes à découvert. Cette rage ayant duré quelque tems les forces lui manquerent pour ce cruel exercice, elle n'en eut pas même aſſez pour détacher ſes habits qui l'expoſoient à demi nuë, elle s'appuya la tête ſur ſa couche, & faiſant reflexion

ſur

fur la condition des hommes qu'elle appelloit malheureufe, de ce qu'ils étoient
nez avec des mouvemens que l'on con-
damnoit quoi qu'il fût prefque impoffible de les reprimer. Elle tomba en
foibleffe, mais ce fut une foibleffe A-
moureufe que la fureur de la paffion
caufa, & qui fit goûter à cette jeune
Enfant un plaifir qui la ravit jufques
au Ciel. Dans ce moment la nature
uniffant toutes fes forces, brifa tous
les obftacles qui s'oppofoient à fes
faillies, & cette Virginité qui jufque-
là avoit été captive, fe delivra fans
aucun fecours avec impetuofité, en
laiffant fa gardienne étenduë par terre pour marque évidente de fa dé-
faite.

Agnés. Ah Dieu j'aurois voulu être
la prefente!

Angelique. Helas quel plaifir aurois-
tu eu? Tu aurois vû cette innocente
à demi nuë pouffer des foûpirs dont elle ignoroit la caufe! Tu l'aurois vûë
dans un extafe les yeux à demi mou-
rans, fans force ni vigueur, fuccom-
ber fous les loix de la nature toute pure, & perdre malgré fes foins ce thre-

for

for dont la garde lui avoit donné tant de peine.

Agnés. He bien, c'eſt enquoi j'aurois pris du plaiſir, de la conſiderer ainſi toute nuë, & de remarquer curieuſement tous les tranſports, que l'Amour lui auroit cauſé au moment qu'elle fut vaincuë.

Angelique. Si-tôt que Doſithée fut revenuë de cette ſincope, ſon eſprit qui n'étoit auparavant enſeveli que dans d'épaiſſes tenebres, ſe trouva à l'inſtant développé de toute ſon obſcurité, ſes yeux furent ouverts, & reflechiſſant ſur ce qu'elle avoit fait, & ſur le peu de vertu de ſon ſaint qu'elle avoit tant invoqué; elle connut qu'elle avoit été dans l'erreur, & s'éleva ainſi de ſa propre force par une metamorphoſe ſurprenante, au deſſus de toutes les choſes qu'elle n'oſoit auparavant regarder, & n'eut plus que du mépris pour celles qui avoient fait ſon plus grand attachement.

Agnés. C'eſt-à-dire que de ſcrupuleuſe elle devint indevote, & qu'elle ne fit plus d'offrande à tous *les Sanctarelles* qu'elle adoroit auparavant.

An=

Angelique. Tu prens mal les choses.
On peut se défaire de la superstition
sans tomber dans l'impieté ; c'est ce
que fit Dosithée ; elle apprit par son
experience, que c'étoit au souverain
Medecin qu'il falloit recourir dans ses
foiblesses ; que les tentations n'étoient
pas dans la puissance des Fideles, &
que dans l'ame la plus soûmise il s'élevoit souvent des pensées & des mouvemens involontaires, qui ne faisoient
pas seulement le moindre defaut. Tu
vois comme je ne t'ai rien dit que de
veritable quand je t'ai assûrée que c'é-
toit la devotion qui l'avoit tirée de ses
scrupules.

Il en arriva presque le même à une
Religieuse Italienne, qui après s'être
prosternée fort souvent devant la figure d'un enfant nouvellement né qu'elle
appelloit son petit Jesus, & l'avoir
conjuré plusieurs fois de lui accorder
la même chose, par ces tendres paroles, qu'elle proferoit avec une affection extraordinaire. *Dolce Signore mio*
Gjesu, fate-mi la gratia &c. voyant
que toutes ses prieres étoient sans effet, elle crût que l'enfance de celui

F 5   qu'elqu'elle invoquoit, en étoit la cause, & qu'elle trouveroit mieux son compte en s'adreſſant à l'image du pere Éternel, qui le repreſentoit dans un âge plus avancé, elle alla donc retrouver ſon petit Signor à qui elle reprocha ſon peu de vertu, lui proteſtant qu'elle ne s'amuſeroit jamais à lui ni à aucun enfant de ſa ſorte, & le quitta ainſi en lui appliquant ces paroles du proverbe. *Chi S'impac- cia con Fanciulli, con Fanciulli ſi ritro- va.* Reflechis un peu juſques où va la ſuperſtition, & à quelle extremité de folie, l'ignorance nous conduit quel- quefois.

Agnés. Il eſt vrai que cet exemple en eſt une preuve ſenſible, & que la ſimplicité de cette Religieuſe eſt ſans égale. Les Italiennes ne paſſent pas neanmoins pour ſottes, on dit qu'el- les ont infiniment de l'eſprit, & que peu de choſes ſont capables de les arrêter & d'échapper à leur penetra- tion.

Angelique. Cela eſt vrai commune- ment parlant, mais il s'en trouve toû- jours quelqu'unes qui ne ſont pas ſi é- chi-

clairées que les autres. Outre que ce
n'est pas toûjours une marque de stupidité que d'avoir des scrupules &
des doutes. Car il faut que tu sache
ma chere Agnés (qu'hors les choses
de la Religion) il n'y a rien de certain ni d'assuré dans ce monde, il n'y
a point de parti qui ne puisse se soû-
tenir, & que nous n'avons pour l'ordinaire que des idées fausses & con-
fuses des choses que nous croyons savoir plus parfaitement. La verité est
encore inconnuë, & tous les soins &
les artifices des hommes qui s'apliquent
serieusement à sa recherche, n'ont pû
encore nous la rendre sensible, quoi
qu'ils ayent crû souvent l'avoir découverte.

Agnés. Mais comment conduire donc
nôtre esprit dans une ignorance si universelle?

Angelique. Il faut mon Enfant pour
ne point abuser, regarder les choses
dès leur origine, les envisager dans
leur simple nature, & en juger en-
suite conformement à ce que nous y
voyons. Il faut sur tout éviter de laisser
ser prevenir sa raison & de la laisser

 ob-

obſeder par les ſentimens d'autrui qui
ne peuvent être pour l'ordinaire que
des opinions. Et il faut enfin ſe donner de garde de ſe laiſſer prendre par
les yeux & par les oreilles, c'eſt-à-dire par mille choſes exterieures dont
on ſe ſert ſouvent pour ſeduire nos
ſens, mais ſe conſerver toûjours l'e-
ſprit libre & degagé des ſottes pen-
ſées & de niaiſes maximes, dont le
vulgaire eſt infatué, qui comme une
béte, court indifferemment après tout
ce qu'on lui preſente, pourvû qu'il
ſoit revêtu de quelque belle apparence.

Agns. Je conçois bien tout ceci, &
je croi même qu'on peut pouſſer encore ton raiſonnement plus loin & y
comprendre bien des choſes que tu
en exemptes. Il faut avoüer qu'il y
a un extreme plaiſir à t'entendre,
quand tu ne ferois pas auſſi belle &
auſſi jeune comme tu és, ton eſprit
ſeul te rendroit aimable. Donne-moi
un baiſer?

Angelique. De tout mon cœur ma
plus chere, je ſuis ravie de te plaire
en quelque choſe, & d'avoir trouvé
en

en toi tant de difposition à recevoir les
lumieres qui te manquoient. Quand
on a l'efprit développé des tenebres,
& debaraffé de toutes fortes d'inquietude, il n'y a point de moment dans
nôtre vie que nous ne goûtions quelques plaifirs, & que nous ne puiffions
même des peines & des fcrupules des
autres, faire un fujet de recreation.
Mais laiffons-la toute cette Morale, à
la quelle je me fuis infenfiblement engagée. Baife-moi ma mignonne je t'aime plus que ma vie.

Agnés. Eh bien eft-tu contente? tu
ne fonge pas qu'on peut nous apperce-
voir ici.

Angelique. Eh quel fujet avons-nous
de craindre, entrons dans ce Berceau
nous n'y pourrons être vûës de perfonne.   Mais je ne fuis pas encore
fatisfaite, tes baifers n'ont rien que de
commun, donne-m'en un à la Florentine?

Agnés. Je croi que tu es foile? eft-
ce que tout le monde ne baife pas de
la même maniere? Que veux-tu dire
par ton *baifer à la Florentine?*

Angelique. Approches toi de moi je vais te l'apprendre.

Agnés. Oh Dieu tu me mets toute en feu, ah que cette badinerie est lafcive, retire toi donc, ah comme tu me tiens embraffée, tu me devore.

Angelique. Il faut bien que je me paye dès leçons que je te donne. Voilà de la façon que les perfonnes qui s'aiment veritablement fe baifent, en lançant amoureufement la langue entre les levres de l'objet qu'on cherit, pour moi je trouve qu'il n'y a rien de plus doux & de plus delicieux, quand on s'en aquitte comme il faut, & jamais je ne le mets en ufage que je ne fois ravie en extafe, & que je ne resfente par tout mon corps un chatoüillement extraordinaire, & un certain je ne fai quoi que je ne te puis exprimer, qu'en te difant que c'eft un plufir qui fe répand univerfellement dans toutes les plus fecrettes parties de moi-même, qui penétre le plus profond de mon cœur, & que j'ai droit de le nommer *Un abregé de la fouveraine volupté.*

Eh

Eh toi tu ne dis rien! quel fentiment t'a-t-il caufé?

Agnès. Ne te l'ai je pas affez fait connoître, quand je t'ai dit que tu me mettois toute en feu, mais d'où vient que tu appelle ces fortes de careffes *Un Baifer à la Florentine?*

Angelique. C'eft parce qu'entre les Italiennes, les Dames de Florence paffent pour être les plus amoureufes, & pour pratiquer ce Baifer de la maniere que tu l'as reçû de moi. Elles y trouvent un plaifir fingulier, & difent qu'elles le font à l'imitation de la colombe qui eft un oifeau innocent, & qu'elles y rencontrent je ne fai quoi de lafcif & de piquant, qu'elles n'éprouvent point & ne goûtent pas dans les autres. Je m'étonne comment l'Abbé & le Feüillant ne t'apprirent point cela pendant ma retraite? car ils ont fait l'un & l'autre le voyage d'Italie, & apparemment s'y font rendus favans dans toutes les pratiques les plus fecrettes de l'Amour, qui font particulieres à ceux du Païs.

Agnès. Vraiment j'avois bien l'efprit autre part qu'à ces fimples badineries,

lces

lors qu'ils me vinrent voir, pour m'en
souvenir à present. Je sai bien qu'il
n'y eut point de careſſes ni de ſottiſes
dont leur fureur ne s'aviſât ; mais
quoi, le plaiſir que j'y prenois étoit ſi
grand, & le raviſſement que ces transports me cauſoient ſi exceſſif, qu'il ne
me reſtoit pas aſſez de liberté de juge-
ment pour y reflechir.

Angelique. Il eſt vrai que les doux
momens où l'on goûte cette volupté
nous occupent tellement, que nous
ne ſommes pas capables de nous di-
ſtraire par aucune application, de nôtre memoire, ni de faire un *Agenda*
ſur le champ, de tout de qui ſe paſſe
au dedans de nous-mêmes. Je ne doute pas neanmoins que l'Abbé ou le
Feüillant n'ayent pouſſé leur galanterie juſques là; car outre que tu as
une bouche divine, ils ſont parfaitement inſtruits de toutes les manieres
les plus douces & les plus engageantes de ceux qui ſavent paſſionnement
aimer.

Agnés. Helas ! pour des perſonnes
conſacrées aux autels, & dévoüées à
la

la continence , ils n'en savent que
trop

Angelique. Vrayement tu fais bien
ici la plaisante , & ceux qui ne te
connoîtroient pas, croiroient que tu
parles serieusement. Mais veux-tu
que je te dise ma pensée ? Je croi
qu'ils n'en sauroient trop savoir mais
qu'ils en pourroient moins pratiquer?
Car il est certain qu'ayant la direc-
tion des ames ils doivent avoir une
parfaite connoissance tant du bien que
du mal , pour en faire un juste dis-
cernement , & pour nous exhorter
avec force à la poursuite & à l'amour
de l'un, & nous prêcher avec un même zèle la fuite & la haine de l'autre.
Mais ils ne font rien moins que cela,
& les mauvais livres dont ils puisent
leur lumiere, corrompent aussi-tôt leur
volonté qu'ils éclairent leur entendement.

Agnés. Je croi que tu abuses des termes, & que tu ne penses pas que parmi les Savans il n'y a point de livre,
qui de sa nature porte le titre de défendu, & que le seul usage que nous

 en

en faisons lui donne la qualité de bon,
de mauvais, ou d'indifferent.

Angelique. Ah Dieu, je croi que
tu reve de parler de la forte, & tu
dois convenir avec moi qu'il y a de
certains livres dont toutes les parties
ne valent rien, & dont les instructions
font essentiellement opposées à la bonne Morale, & à la pratique de la vertu. Que peux-tu dire de *l'Ecole des
Filles*, de cette infame *Philosophie*, &
de l'Examen de la Religion de St.
Ev. . . . qui n'ont rien que de fade &
d'insipide, & dont les sots raisonnemens ne peuvent persuader que les a-
mes basses & vulgaires, ni toucher
que celles qui font à demi corrompuës,
ou qui d'elles-mêmes se laissent aller à
toutes fortes de foiblesses?

Agnés. J'avoüe que ces livres là peuvent etre mis au rang des choses inutiles, & même de celles qui font défen-
duës, je voudrois pouvoir racheter le
tems que j'ai employé à en faire la
lecture, il n'y a rien qui m'ait plû,
& que je ne condamne. L'Abbé qui
me les fit voir m'en donna un autre

tre qui est presque sur la même ma-
tiere, mais qui la traite, & la manie avec bien plus d'adresse & de spi-
ritualité.

Angelique. Je sai de quel livre tu
veux parler, il ne vaut pas mieux
pour les mœurs que le precedent, &
quoi que la pureté de son stile, & son
éloquence aisée, ayent quelque chose
d'agreable, cela n'empêche pas qu'il
ne soit infiniment dangereux. Puis
que le feu & le brillant qui y éclatent
en beaucoup d'endroits, ne peuvent
servir qu'à faire couler avec plus de
douceur le venin dont il est rempli,
& l'insinuer insensiblement dans les
cœurs qui sont un peu susceptibles : il
a pour titre *l'Academie des Dames*, ou
les sept Entretiens Satiriques d'Alosia,
je l'ai eu plus de huit jours entre les
mains, & celui de qui je le reçûs m'en
expliqua les traits les plus difficiles,
& me donna une intelligence parfaite de tout ce qu'il y a de mistérieux.
Sur tout il m'en interpreta ces paroles
qui sont dans le septiéme Entretien,
Amori, *vera lux*, & me découvrit le
sens Anagrammatique qu'elles cachent,

sous

fous la fimple apparence de l'infcrip-
tion d'une Medaille. Je crois que c'eft
de ce livre dont tu as eu deffein de me
parler ?

Agnès. Affeurement. Ah Dieu qu'il
eft ingenieux à inventer de nouveaux
plaifirs à une ame froide & dégoutée!
de quelles pointes & de quels aiguil-
lons ne fe fert-il pas pour réveiller la
convoitife la plus endormie, la plus
languiffante, & celle même qui n'en
peut plus, que d'appetits extravagans!
que d'objets étrangers! & que de viandes inconnuës il prefente! Mais je vois
bien que je n'y fuis pas encore fi favante que toi.

Angelique. Helas, mon Enfant, la
fcience que tu ambitionne ne pourroit
que t'être préjudiciable ? Il faut que
les plaifirs que nous nous propofons
foient bornés par *les Loix*, par *la
Nature*, & par *la Prudence*, & toutes les maximes dont ce livre pourroit
t'inftruire s'éloignent prefque égale-
ment de ces trois chofes. Crois moi,
toutes les extremitez font dangereu-
fes, & il eft un certain milieu que
nous ne pouvons quitter, fans tomber.

ber dans le precipice. *Aimons*, il n'eſt pas défendu, *cherchons la volupté tant qu'elle eſt legitime*, mais evitons ce qui ne peut être inſpiré que par la débauche, & ne nous laiſſons point ſeduire par les perſuaſion d'une éloquence, qui ne nous flâte que pour nous perdre, & qui ne s'exprime bien que pour nous porter plus facilement au mal.

Agnés. Oh la belle Morale! & que tu ſai bien dorer la pilule quand il te plait! ce n'eſt pas que je ne me rende à tes raiſons, & que je ne blâme toutes les choſes que tu condamne, mais je ne puis m'empêcher de rire, quand je te vois prêcher la réforme avec tant de feu, & que je t'entens parler à des ſourds & à des aveugles, tels que ſont nos ſens, qui ne veulent recevoir de regles que celles qu'ils ſe propoſent eux mêmes.

Angelque. Il eſt vrai, & je l'avouë que c'eſt mal employer le tems, c'eſt à dire inutilement, que de travailler à reprimer le vice, & à élever la vertu, dans la corruption du ſiècle où nous ſommes. La maladie eſt trop grande

&

& la contagion trop universelle, pour
y apporter du remede par de simples
paroles, & pour qu'elle puisse être gue-
rie par un appareil qui ne peut agir
que sur l'esprit. Ce n'est aucunement
là mon dessein, mais j'ai seulement
été bien-aise de te faire connoître,
que je n'approuve point le libertinage
de ceux qui ne goûtent jamais de parfaits plaisirs si ils ne les vont chercher
dans les leçons d'une imagination corrompuë, au delà des bornes les plus
inviolables de la nature, & jusques dans
la licence la plus dissoluë des fables
passées.

Je ne suis point ennemie des delices, ni attachée à cette vertu incom-
mode dont nôtre siecle n'est pas capable, & je sai que l'ame la plus noble
ne peut être maîtresse de ses passions
ni purgée des autres infirmitez hu-
maines, tant qu'elle sera attachée à
nôtre corps.

Agnés. Ah ce retour me plaît, &
cette indulgence raisonnable peut être
reçûë. Car quel mal peut-on trouver
dans la volupté quand elle est bien re-
glée ? il faut bien de necessité donner

ner quelque chofe au temperament du corps, & compatir à la foibleffe de nos efprits, puis que nous les recevons tels que la nature nous les baillent, & qu'il ne dépend pas de nous d'en faire le choix. Nous ne fommes pas refponfables des fantaifies, du penchant, & des inclinations qu'elle nous donne, fi fe font des fautes, c'eft elle qui en eft coupable, & qui en doit être blâmée. Et on ne peut reprocher aux hommes, les vices qui naiffent avec eux, ou qui ne procedent que de leur naiffance.

Angelique. Tu as raifon ma mignonne, & je ne puis t'exprimer la joye que je reffens, lors que tes paroles me font voir le progrès que tu as fait par mes inftructions. Mais ne nous fatigons pas davantage l'efprit par la recherche des crimes d'autrui, fupportons ce que nous ne faurions réformer, & ne touchons point à des maux qui découvriroient fans doute l'impuiffance de nos remedes. Vivons pour nous mêmes, & fans nous faire malades des infirmitez étrangeres, établiffons dans nôtre interieur cette paix & cette tranquilité fpirituelle, qui eft

le

le principe de la joye & le commencement du bonheur que nous pouvons
raisonnablement desirer.

Agnés. Pour moi je suis déja dans
cette paisible joüissance du repos, &
de la quietude d'esprit. Ou je puis dire, que je n'ai pû arriver que par ton
moyen. Ce font des obligations que
je ne pourrai jamais assez reconnoître
comme je le souhaiterois, car il faut
que pour toutes ces peines que tu as
prises à me tirer de l'erreur où j'étois,
tu te contente de l'amitié que je t'ai ju-
rée, & qu'elle te tienne lieu de toute
autre recompense.

Angelique. Helas mon enfant que pourrois tu m'offrir qui me plût davantage?
je prefere tes caresses à tous les tresors
du monde, un seul de tes baisers me
charme, & me comble de biens. Mais
voici quelqu'un qui vient separons-nous
afin de leur ôter le soupçon qu'ils pourroient avoir de nos entretiens. Baise
moi ma chere enfant.

Agnés. Je le veux, & *à la Florentine?*

Angelique. Ah tu me ravis! tu me
transportes! je n'en puis plus! tu me
causes mille plaisirs.

Agnés.

Agnés. En voici assez pour le prefent. Adieu Angelique. C'est sœur Cornelie qui s'approche?

Angelique. Je la vois. C'est sans
doute pour me donner quelque ordre
de la part de Madame. Adieu Agnés,
Adieu mon Cœur, mes Delices, mon
Amour.

F I N.

9 782329 793238